读心术

鸿雁　编著

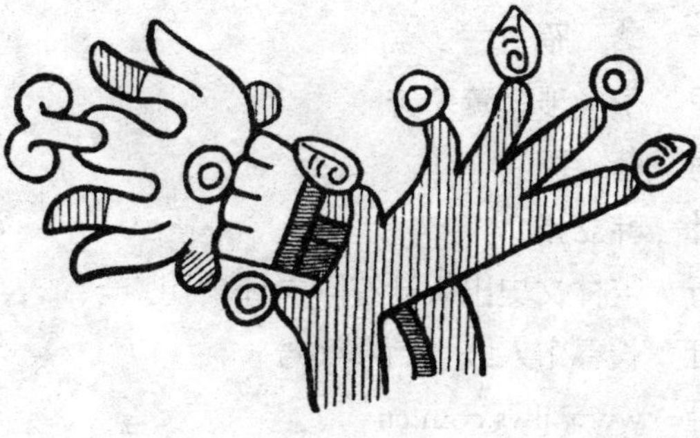

吉林文史出版社
JILIN WENSHI CHUBANSHE

图书在版编目（CIP）数据

读心术 / 鸿雁编著. -- 长春：吉林文史出版社,2017.5（2019.8重印）
ISBN 978-7-5472-4047-2

Ⅰ. ①读… Ⅱ. ①鸿… Ⅲ. ①心理交往—通俗读物Ⅳ. ①C912-49

中国版本图书馆CIP数据核字(2017)第091313号

读心术
DU XIN SHU

出 版 人　孙建军
编 著 者　鸿　雁
责任编辑　于　涉　董　芳
责任校对　薛　雨
封面设计　韩立强
出版发行　吉林文史出版社有限责任公司
地　　址　长春市人民大街4646号
网　　址　www.jlws.com.cn
印　　刷　三河市鹏远艺兴印务有限公司
版　　次　2017年5月第1版　2019年8月第7次印刷
开　　本　640mm×920mm　16开
字　　数　200千
印　　张　16
书　　号　ISBN 978-7-5472-4047-2
定　　价　45.00元

前　言

读心术是一门通过人的外在表现来探测人的心理活动的学问，是认识自己、看透别人和看透人性的学问。社交高手懂得通过密切关注对方的相貌，甚至连对方的言行举止、眼神、小动作等多方面的蛛丝马迹都会认真对待，仔细分析其真实意图。人的一举一动都在泄露“天机”，一个无意识的动作，一句不经意的话语，都能反映人深藏不露的本意。在人际交往中，如何才能看人“不走眼”？如何才能瞬间识破他人心？如何才能在不为人知的情况下了解和影响他人？“读心术”将心理学知识应用于日常工作、生活中，教你在与人交往的过程中灵活运用心理学的方法，用眼睛洞察一切，“读”懂他人的微妙心思，并对此作出精准的判断，使自己成为所在行业的终极赢家，进而在事业上取得突出的成就，赢得美好、幸福的人生。

那么，洞察人心真有这么难吗？不妨先来看一个小故事。

某市的一家剧院门口有一位常年行乞的老头儿，衣衫褴褛，面容枯槁，看上去十分窘迫，但是他每天的收入可不少。有一位年轻人出于好奇，经常在旁边的咖啡店观察这位老头儿。通过观察才发现，这位其貌不扬的老头儿有着惊人的看穿人心的本领。他不像别的乞丐见人就伸手乞讨，而是会先观察从他面前走过的每一位行人，从他们的眼神和外表来判断这个人是一毛不拔的“铁公鸡”，还是出手大方的“慈善家”，或者是心地善良的好心人。如果有人透露出一丝善意的目光，或者下意识有伸手摸钱包的动作，他便会立刻抓住机会。这样高明的行乞者，自然能够频频获利。

这位行乞的老头儿并非天生的心理学家，也没有受过任何专业的训练，他之所以能够在短暂的时间里看出行人的心理，关键在于长期的观察和与各种人打交道的经历。可见，人的心理是能够被“阅读”的，正如心理学家弗洛伊德曾说：“任何人都无法保守他内心的秘密。即使他的嘴巴紧闭，但他的指尖却喋喋不休，甚至他的每一个毛孔都会背叛他！”虽然每个人都戴着面具，但每个人的心理仍然是有章可循的。生物学家和心理学家已经证实，我们的肉体和思想在生理上和心理上都是紧密结合在一起的，精神和身体就像是一个硬币的两面，互相影响、互为因果。当我们思考时，大脑会发生电气化学反应，头脑中的每一个想法都以这样或那样的方式影响着我们的身体。反过来，任何发生在我们身上的事情也会影响我们的精神活动，一个人的外表、姿势、动作和说话的语气，甚至一个眼神、一句叹息都在传达其内心的所思所想。实际上，在人与人交流的过程中，这些非言语信息占到了交流总量的90%以上，人与人之间的交流大部分都是通过肢体语言和声音来传达的，而我们却仅仅把注意力集中在别人对我们说了什么。读心术就是“读”这些被我们忽略的“语言”，通过观察他人的身体反应和特征来了解他人的心理活动。

现如今，读心术的运用可谓五花八门，凡是能够深刻领悟读心术精髓的人，都能够在某一领域结合自身特点，发挥读心术的优势，在自己所从事的行业取得可喜的成就，在社会生活、家庭生活、职场、算命、刑事侦查等方方面面都会体现到读心术的知识。

如果那些很“灵验”的算命先生为你卜算、看相，你一定会很惊讶——他怎么会知道那么多关于你的事情？此刻，我们可能会相信那些神秘的超科学的力量，认为算命先生有通灵的本领。可是，真的是这样吗？其实，算命先生使用的无非是“读心术”的技巧而已，借助这种技巧，即使面对素不相识的人，算命先生也能够“读”懂他的内心想法，并对其做出精确度高达80%的评判。这就是读心术的神奇所在。占星家以及算命先生都会利用这一技巧来收集“客户”的私人信息。许多懂得“读心术”的人通常自己都没有意识到这其实就是一种解读无声的肢体语言信号的能力，所以，他们渐渐地也都认为自己一定是具备了某种“神力”，从而才能够窥探到他人微妙的心思。为什么算命先生说出的话让你惊叹不已，只不过他们略懂读心术罢了，没有什么神秘可言，如果你能深入了解读心术的精髓，相信你也能够成为一个“神算”先生。

现如今，社会交往的种种艰难之处，全在于个人无法洞察他人的内在心理，无法因时因地与他人在心理上达成融合——内在心理活动上的差异和心理上的距离总是会演变为误解、隔阂、矛盾，甚至于冲突。这种艰难正日益使大多数人对社会交往产生畏惧和困扰——无论是刚刚步入社会的年轻人，还是在社会上奔走多年的职业人士，无论这个人从事什么行业，心理上的困扰都是一样的。在管理领域，一个管理者最艰难的是在与下属的交流中如何能够让下属听进去，下属是接受还是排斥，因为无法洞察下属内在的心理变化，管理活动总是阻碍重重；在与领导的交往中，职员普遍存在的困扰也许是不能清晰地把握领导的真实意图；在社会交往中，当你试图接近一个人的时候，确定对方的态度非常重要，我们要避免犯以下错误：在不应该说某句话的时候说了某句话，在不应该谈论某个问题的时候滔滔不绝地发表长篇评说，在应该让双方保持距离的时候贸然接近对方……如果你希望更加熟悉自己，了解他人；如果你渴望发现自己的内在需求并把握住命运的方向，那就从了解读心术开始吧！

其实，读心并不是高深莫测的科学技术，而是一种人人都可以通过练习而掌握的一种能力。只要你留心观察、认真揣摩，久而久之，也能够练就读懂人心的高明技巧。

《读心术大全集》是一部系统讲解读心术原理、方法和现实运用的大型图书。本书分为原理篇、方法篇和提升篇：原理篇通过观察身体反应、面部表情、感官特征等方面为大家介绍读心术的基本原理。方法篇详细介绍各种读心、识人的具体方法，如何通过一个人的外表、言谈、肢体动作、面部表情、行为习惯等方面了解一个人的内心，深入细致地分析一个人内心的真实想法和目的。最后，读心的目的是为了与他人更好地相处，在提升篇中为大家介绍了一系列了解他人的心理策略，有助于读者在职场、商场和生活中与他人和谐相处并顺利实现自己的目标和愿望。同时，在有些章节的最后我们精心配置了相应的测试题，有助于让读者通过测试更好地了解自己，有针对性地取长补短，成就完美的人生。

老子说："知人者智。"在这个竞争日益激烈的时代，想要取得事业的成功、建立广泛的人脉、追求家庭的幸福，就需要掌握读心的本领，才能"世事洞明，人情练达"，在复杂的人际关系中游刃有余、得心应手，使自己成为人际关系的赢家，进而在事业上取得进一步的成就，赢得美好、幸福和成功的人生。

目　录

原理篇　揭秘读心技巧

方法篇　读心，停！看！听！

第一章　外表的每一面都有意义

第三章　看人也要看环境

原理篇

揭秘读心技巧

第一章

通过感官特征，可知对方如何进行思考

第一节　不同的感官创造不同的思维方式

感官记忆在思考中既负责回忆也参与创建

想象你身处一个充满异国情调的热带岛屿，右手端着一杯热带水果鸡尾酒，正赤脚信步走在美丽的海滩上。原本银白色的沙滩在夕阳的余晖下泛起迷人的金色，温热的细沙顽皮地钻进你的趾缝，有点痒却又很舒服。微风拂身，空气里弥漫着海水的咸味和一股椰子的香味。你一边听海浪拍打在岸上，伴随着棕榈树摇曳发出的沙沙声，一边啜饮着沁凉的鸡尾酒，慵懒地望向海面，一只海鸥在远处掠过水面冲向天空，发出一声清亮的叫声。

继续随意地四处打量，你发现前面有一个银白色的贝壳，走过去把它拾起来，轻轻地用手指摩挲它表面有趣的纹理。这时，离沙滩不远的露天餐厅里已经开始飘出阵阵食物的香味，人们一边用餐，一边低语，仿佛不愿意破坏了黄昏的宁静。你忽然感到自己已经饥肠辘辘了，脚步不由得折向餐厅……

如果你心无杂念、沉浸在对上面这个情境的想象中，你一定会觉得真的听到了海浪拍打沙滩的声音、棕榈树发出的沙沙声和海鸥的叫声，也会感受到钻进脚趾间的沙子、清凉的微风、鸡尾酒的沁凉，还会闻到了空气中海水的咸味和椰子的香味，而在最后，你的嘴里恐怕还涌出了很多的口水。

不论你以前有没有在海滩漫步的真实经历，那些感受一定都会发生。因为它们不仅来自你的记忆，还来自创建。当我们思考时，通常会启动两种不同过程中的某一种——要么回忆起以前曾经有过的想法，要么创建出从未有过的新想法。不论是哪一种过程，我们的感官记忆都会在思考中扮演重要的角色。

我们的听觉、视觉、感觉、味觉、嗅觉和平衡感不仅对探索周围环境非常重要，而且也会被用来思考与感官体验无关的事物。我们会运用不同的感官记忆和体验来思考。如果我们回忆起以前的事情，比如一次愉快的度假，我们的脑海中就会浮现出生动的场景，想象出我们当时听到的声音，甚至闻到的气味，等等。当我们回忆时，我们再现了以前的感官记忆。然而，感官记忆对创建新的想法也很重要。

以上面的情境想象为例，为了在头脑中创建那个情境，你的大脑会从其他类似的回忆中选取和拼凑相关的片段。例如，你曾经用手摸过贝壳，你就会知道摸起来的感觉如何；你曾经喝过鸡尾酒，你也会知道它的味道。但是，如果从来没有过黄昏时分在漫步海滩的经历，没有类似的记忆可供调取，那么你的大脑就会用你从别人的照片、电影中看到过的画面来帮助你再现场景。也就是说，你的大脑在脑海中创建了一个新的经历，而这个经历就像你亲身经历过的一样。

事实上，我们在思考时总是以某种方式运用感官记忆，就像你刚才在脑海中创建那个黄昏时分的海滩漫步时做的那样。更多的时候，我们会运用这些感官探索外在的环境。从内在的（在脑海中）到外在的（探索周围环境），我们不断地转换运用感官的方式。我们越是专注于别人对我们说的话或者正在阅读的内容，我们就越是内在地运用感官。举个例子，此时此刻你肯定不知道右脚是什么姿势。也就是说，直到你被提醒以后，你才会有意识地想到：右脚？哦，我确实有右脚，那它在干吗呢？然后你就会看看右脚正处于什么位置、什么状态。

不同的感官创造不同的思维方式

上文那个黄昏时分海滩漫步的情境想象，可以说明人类的大脑并不能很好地区分内在与外在的感官运用，也就是说大脑不能够区分实际发生的情况和幻想的情况，这些也是臆想症产生的生理基础，出现这种情况的原因是不论在哪一种情况下，我们的大脑都有相同的区域被激活了。

人类的大脑包括左、右两个半球及脑干，它作为人体的神经中枢，指挥着人体的一切生理活动，如脏器的活动、肢体的运动、感觉的产生、肌体的协调以及说话、识字、思维等。科学研究证明，大脑特定功能源于大脑的某一区域，大脑也由此被划分为不同的区域，如视觉区、感觉区、记忆区、语言区、识字区、运动区和联合思维区等。

在大脑活动中，运用不同的感官记忆对我们从外界收集到的信息进行转换，会激发特定的大脑区域，使我们发现不同的重点，从而导致我们产生不同的思考方式，并以不同的方式进行人际交流。

在20世纪70年代末，一个心理学学生理查德·班德勒和一个语言学学生约翰·格林德提出了一个EAC模型，即眼睛解读线索。这个模型对不同的感官和思维方式之间进行一些有效的研究，这个模型认为：

眼睛向上方看，表示大脑的视觉区域正在被激活，叫做视觉记忆；看右上方，在创建图像，向左上方看，则在记忆图像。

眼睛平视，则意味着大脑的听觉区域正在被激活，叫做听觉记忆；朝左看，是在回忆声音，朝右看则是在创造新的想法，比如你在想象别人会对你说什么。

眼睛朝右下方看，则表明大脑的感觉区域和情感区域被激活，叫做动觉记忆；不过这时候并不能区分出人们究竟是在记忆还是在创建。

眼睛朝左下方看，说明大脑的联合思维区域被激活，正在进行逻辑思维，被心理学家称为中立阶层。

现在我们可以来测试一下 EAC 模型的有效性：

眼睛盯着左上方的某个点，在大脑里浮现出某一幅你喜爱的名画，如列宾的《伏尔加河上的纤夫》或者达·芬奇的《蒙娜丽莎》、《最后的晚餐》，当然也可以是别的你喜欢的。那幅画你肯定已经看过很多次了，尽管你不一定特别关注过它。尽量想出这幅画的很多细节，比如，人物的脸、衣服、背景、画面的整体颜色，等等。

给自己 20～30 秒钟来做这个测试。

做完后，把画面从你的脑海里删除，然后，把眼睛朝右下方看，重复以上的过程，尽力想象刚才那幅画的画面。你的脑海里还可以很容易地形成图像吗？

尽管之前你成功地做了一次，但是这次眼睛在向右下方看时，想象画面却变得有些困难了，这是因为你大脑中的视觉区域不再被激活了。换句话说，眼睛朝右下方看是不能调动视觉记忆的，只有在朝左上方看时才能调动视觉记忆。

如果你问一个朋友“你的假期过得怎么样”，并注意观察他的眼睛，你会发现他的眼睛先是往左上方看，接着又迅速地往右下方看，这就表明他大脑中的思维过程是先回忆他的假期看起来怎样，然后通过回忆他的感觉来确定对假期的记忆。这正好说明不同的感官创造了不同的思维方式。

人们所偏好的感官记忆各不相同

感官记忆是大脑思维的一个重要组成部分，那些专门研究记忆原理及提高方式的人已经发现人们所偏好的感官记忆各有不同，并成为他们提出不同记忆偏好者应该使用不同的记忆方法的理论基础。

不同的人喜欢运用不同的感官记忆，有的人喜欢运用视觉记忆来思考外在的事物，有的人则喜欢运用听觉记忆，还有的人喜欢动觉记忆，比如所有的身体感觉，包括触摸、温度，等等。与动觉感官记忆相应的内在元素就是我们的情感，非常感性的人就属于这类群体。还有少数人喜欢味觉和嗅觉体验，不过，从实用的角度来看，他们通常也被划为喜欢动觉记忆的人群。

在感官记忆偏好中，这有一个中立群体，也就是上面提到的中立阶层。他们不像视觉、听觉或动觉群体那样依赖外在的刺激，而是更喜欢运用逻辑推导的思维方式，对外在的事物喜欢仔细推敲，甚至和自己进行辩论（自言自语）。对他们而言，每件事情不是对就是错，不是黑就是白，几乎不存在灰色的中间地带。

需要注意的是，有感官记忆偏好，并不是说我们就只使用一种感官记忆，事实上，每个人在接触外界事物时，都会在不同程度上使用所有的感官记忆，但有一种感官记忆会使用得很多，起到主导地位，其他的感官记忆则主要用于印证主导的感官记忆。而各种感官记忆之间的搭配是因人而异的，比如，有的人非常喜欢听觉记忆，但也会使用不少视觉记忆；有的人则几乎完全依靠自己的听觉记忆，而很少运用其他的感官记忆；有的人会以视觉记忆为主，同时运用情感和听觉记忆来支持自己视觉记忆的变化；但也有不少人仅仅使用视觉记忆，等等。我们要在与人交往中通过多种方式来判断其感官记忆偏好。

第二节　如何判断对方的主导感官

观察眼睛运动方向判断被激活的感官记忆

前面介绍过，大脑里的不同区域会被激活时，会导致眼睛以不同的方式进行运动，同时也介绍了 EAC 模型。现在我们运用它来判断他人的感官记忆类型，这个模型强调了感官记忆在思维过程中的重要地位，认为可以通过观察人们的眼睛活动来判断出哪一种感官记忆正在被激活。

再次复习一下 EAC 模型的内容：

眼睛向左上方看，表示他正在回忆图像；

眼睛向右上方看，表示他正在脑海中创建新的图像；

眼睛朝左看，表示他在回忆一些声音，比如别人曾经对他说了些什么；

眼睛朝右看，表示他正在创造新的想法，比如想象别人会对他说什么；

眼睛朝左下方看，表示他调动了身体感觉和情感，比如某个情境中的感受；

眼睛朝右下方看，表示他在考虑逻辑问题，或者在推理。

为了确保 EAC 模型真的适用于对方，你可以先询问对方一些对照问题（见下面的例子），促使他们调动相应的感官记忆，然后观察他们在回答问题时的眼睛活动。

1. 考察视觉记忆的问题

你奶奶家里的窗帘是什么颜色的？

描述一下电视上刚出生的那个婴儿是什么样子？

公园里的假山是什么形状的？

……

2. 考察视觉创建的问题

橱窗里那件金色礼服穿在你身上是什么样子？

把那个图案旋转 270 度是什么效果呢？

想象一下在你客厅的电视墙画上一幅山水画作为壁画，会怎么样？

……

3. 考察听觉记忆的问题

你记得他走的时候说了什么吗？

《非诚勿扰 2》的片尾曲开头是怎么唱的？

你用哪首歌做手机铃声？

……

4. 考察听觉创建的问题

那个音符提高一个八度唱起来会怎么样？

刘德华的声音在水底下听起来会怎样？

如果让你给蜡笔小新配音，你觉得如何？

……

5. 考察动觉记忆的问题

去年这个时候，好像已经很热了，你还有印象没？

那个店总是弥漫着一股很好闻的味道，是栀子花的香味吗？

那款新上市的冰激凌味道很棒，椰子味混合着香草味，你要不要尝尝？

……

6. 考察是否是中立阶层的问题

你有自言自语的习惯吗？

你喜欢遇到困难是自己鼓励自己吗？那时候你会对自己说些什么呢？

……

当你需要了解别人时，可以通过上面 6 类问题进行提问，然后运用 EAC 模型判断出对方哪个感官记忆被激活。虽然 EAC 模型的正确性引发了很多争论，但是更多的应用情况说明，它在多数情况下都是一种非常有效的模型。

运用 EAC 模型进行判断时，大部分人都适用，但毕竟“模型”只是一个简化和概括，不可避免地会存在一些例外，例如，有些人的眼睛运动和所提示的感官记忆会完全相反。如果在询问了一些对照问题之后，你发现对方眼睛的活动并不符合 EAC 模型，那就不要运用这个模型。任何一个不符合这一模型的人总是有他们自己的模型，只要提一些对照问题就可以很容易发现这些模型。

主导感官决定我们喜欢使用哪种词汇

你一定没有意识到自己在所有的语言词汇中存在着某种偏好，而别人和你一样，也有很喜欢使用的词汇，这就为我们发现别人喜欢运用哪种感官记忆提供了另一种途径——听他们说话。人们的话语往往包含了各种各样的判断、描述行为的词汇以及比喻。人们对感官记忆的偏好，会决定人们喜欢的词汇和表达方式。

1. 视觉词汇及其表达

有视觉记忆偏好的人总是偏爱：光、看、瞅、瞧、观察、看见、预见、洞悉、洞见、显现、描绘、呈现、揭露、展示、画面、肖像、景象、闪闪发光、澄清、多姿多彩等用到眼睛的词汇，他们认为这些词会使自己的语言形象生动。

这类人更倾向使用这样的表达：

我想要见你

我明白你的想法

我需要更仔细地观察

能不能把你的意思用图表示出来呢

这个项目的前景看起来很光明

几年后你想起这个肯定还会笑出声来

这样会使你的画作更增光添彩了

清澈的湖面泛起了阵阵涟漪

2. 听觉词汇及其表达

有听觉记忆偏好的人会使用各种不同的听觉词汇，例如：问、说、听、声音、大声、单调、沉闷、节奏、语音、聋、响、沉默、刺耳、悦耳、告诉、讨论、评论、听得见、倾听、尖叫、听众、听从、听候、听话、听讲、听来、听凭等与耳朵和口有关的词语。

他们更喜欢用这样的表达方式：

先听我说完

你的话听起来挺有道理的

能跟我说说你的想法吗

他们俩的声音听起来很像

你慢慢说

一个字一个字地说

我从来没有听说过这种事

我来给大家讲个笑话

我们也可以说

3. 动觉词汇及其表达

有动觉记忆偏好的人，包括由触觉或情感触发记忆的人，以及那些喜欢运用味觉或嗅觉的人，他们喜欢用这样一些词汇：身心、酸的、甜的、苦的、辣的、咸的、接触、抚摸、触摸、温暖、冰冷、疼痛、紧张、切实的、沉重的、轻松的、平静的、平滑的、粗糙的等和感觉感受有关的词语。

他倾向于使用这样的表达：

你不妨尝试一下

好香啊

我心里好疼啊

我抓到它了

它最终还是陷下去了

放松身体

抚摸着一只猫

这才只是接触到了问题的表面

这种关系基于一个很坚实的基础

她很甜美

4. 中立词汇及其表达

前面提到的中立阶层总是喜欢用那些与感官无关的词汇，例如：思考、逻辑、决心、决定、知道、理解、记住、估计、警惕、警醒、激励、励志、学习、接受、改变、放弃、过程等看起来毫无感情色彩的词语。

这类人的说话听起来或多或少像一篇论文，他们的表达方式都是以略带冰冷的严谨为基调。不过最令他人感到尴尬的是，虽然他们说话是努力避免自己被误解，但他们却是最容易被误解的一群人。这是因为人们通常都是以不同的感官记忆来解读外界事物，而中立阶层却几乎不使用与感官记忆有关的词汇，这使得他们的话语听来非常抽象、难以理解，而不同的听者会以自己的感官记忆来自由地解读，因此造成了许多种不同的理解结果。毕竟，通过自己能直接看到、听到或感觉到的事物来和抽象的事物作参照，谈话才会变得更容易理解，交流也更畅通。

此外，人们的主导感官不仅会影响词汇使用，还会影响对事物的关注方向。例如上面提到的四种人刚刚看了同一场音乐剧，如果你问他们对音乐剧的感觉，他们的回答可能是下面这样的：

“他们把剧中所有的歌都重新演绎，配乐也加入了很多现代元素，真令人激动，这是一出不错的音乐剧，不过我不明白为什么他们表演时要那么声嘶力竭。”

“我看的不大清楚，但这确实是一场不错的音乐展示，尤其是高潮部分，表演得太成功了，我看到了一个闪亮动人的画面。”

“我觉得剧场里面虽然拥挤但也很温暖，至于音乐，那给了我很深的触动。”

“这个音乐剧立意新颖、主旨很贴合时代……”

你能从中判断出说话的人各是什么感官记忆类型吗？

没错，说这话的人依次是听觉记忆偏好者、视觉记忆偏好者、动觉记忆偏好者和中立者。

开放式提问和言行节奏告诉你对方的思维模式

很多的时候，我们遇到的人都比较复杂，有的人会不同程度地使用各类感官词汇，而有的人实在深不可测。这使得我们很难单凭 EAC 模型或者对方讲话所使用的词汇就找到对方的主导感官。这时，你可以使用下面两种方法：

1. 询问开放式问题

很多推销员在面对一个陌生客户时，常会用的一个老把戏，在一开始问：“这看起来怎么样？”如果没有得到有效的回应，那就变成这样问：“你以前讨论过这个问题吗？”或者“我希望知道你对此有什么感觉。”你也可以运用这些问题来观察你的交际对象，提问时要注意你的哪种提问方式最有效，然后再用符合哪种方式的词汇和描述。

在我们面对陌生人时，不能够把前面那六类对照问题随意使用，为了找到方向，不妨找一些简单的但又不那么具体的问题进行提问，例如："你希望我以什么样的方式向你介绍呢？"这些简单的问题不同于前面介绍的那6类对照问题，简单、泛指，但能够为你了解对方更喜欢哪一种感官记忆提供有用的答案，因为它们更开放。

对于开放式问题，有的人会告诉你他想说什么，有的人会要求把他想说的写下来，并附上一些图表给你看，还有的人会告诉你最重要的事情就是让他们感觉良好，以便让他们信任你。

一旦你发现对方喜欢运用哪一种感官记忆，你就能在相当程度上了解他是怎么思考的，他喜欢用什么样的方式进行交流，以及他会认为哪些事情很重要而哪些事情无关紧要。对他人具备这种了解，会大大增进你的读心术，更不用说提高你的建立亲善关系的技巧了。

2. 观察对方的言行节奏

除了开放式提问，你还可以观察他人的讲话节奏和肢体动作节奏，来判断他们的主导感官，即使还没有和他们对视或交谈，也可以这么做。视觉记忆偏好者的言行节奏都很快，动觉记忆偏好者节奏则很慢，听觉记忆偏好者则不快不慢、居于其中。反之亦然：如果你知道对方的主导感官是什么，就会了解他们的呼吸、讲话和行为的节奏，帮助你提高对他人言行方式的接受程度。

对这种观察方式稍加练习之后，你还可以模仿对方在思考时的眼睛运动，体会到对方正在想什么，还可以帮助你体会到对方所听到或感受到的事物。这些都不是有意识做的，而是在无意识中发生的，并且有助于增强你和对方之间的归属感和亲和力。

当你了解了对方的感官记忆偏好，你就会更好地理解他想表达什么。而通过把自己的语言调整成对方的语言，你也能更清楚地表达自己的想法，让对方更好地理解你，而不产生任何误会。更重要的是，如果你能用对方的方式表达自己，谈论对方感兴趣的话题，这不仅向对方表明了你和他的思维方式一样，而且有助于你深刻地理解对方思维建立的过程。

行为特征是主导感官作用的综合表现

人们的行为方式受到所有感官的综合作用，由于主导感官的不同，我们看到每个人都有自己不同的行为特征，研究这些行为特征可以为大多数人提供参照。

1. 视觉记忆偏好者的行为特征

喜欢运用视觉记忆的人，最关心事物看起来怎么样，尤其是他们自己看起来怎么样。由于他们对颜色、形状和光线非常敏感，所以对他们来说，图像比语言文字来得更快，在说话时，他们的语速总是很快，并经常以清晰有力的声音来表达。这种快节奏的语速会导致他们呼吸加快、胸部起伏，因为他们在说话时从来就没有时间休息停顿。而他们的肢体语言也会随着说话的急促节奏变得同样急促，就连走路时也不自觉地加快脚步。前面介绍过，视觉记忆是被眼睛朝左上方看激活的，例如在听这类人的演讲时，你经常会看到尽管他们也经常保持着与听众的眼神交流，但眼睛总是时不时地朝左上方看；当一个视觉记忆强烈的孩子在回答问题，也会不自觉地盯上左上方的天花板，如果老师说，“答案可不在天花板上”，并强迫他们直视前方，他们甚至会无法回答问题。

2. 听觉记忆偏好者的行为特征

喜欢运用听觉记忆的人言行节奏都比较慢，他们使用横膈膜呼吸，并以悦耳的、有节奏的、富于变化的声音讲话。相对于视觉记忆偏好者来说，通过听觉来收集信息要比视觉慢得多，所以听觉记忆偏好者的思考速度比具有强烈视觉记忆的人慢，而他们的语速与思考速度总是能保持一致，手势则通常都围绕着身体中段。这类人通常处于一种放松的方式，其注意力会随着关注点的移动而移动。他们常常在思考的时候歪着脑袋，就好像在倾听别人谈话一样。使用听觉记忆的人很容易被其他噪音分散注意力，如果你和一位以听觉记忆为主导感官的人谈话，就会发现他常常分神，如果在他倒水的时候，跟他说话，他常常会不留神把水弄洒。

3. 动觉记忆偏好者的行为特征

喜欢运用动觉记忆的人总是能轻而易举地说出他们对某件事物的感觉如何（不论是内在的还是外在的）。他们把关注点放在自己对事物的感受上，座位坐起来是否舒服，工作服穿起来是否得体美观。动觉记忆偏好者的言行节奏通常很缓慢，他们用腹部呼吸，或者以缓慢、温柔而深沉的声音讲话，或者以尖锐高亢的声音讲话，而在讲话之前，他们则要首先了解自己的感觉如何，正确与否，所以在重要讲话前，千万不能做任何影响他们感觉的事。偏好动觉记忆的人的肢体语言幅度通常很小、节奏很慢，几乎只发生在腹部周围。对这类人来说，和别人进行交流时最重要的不是眼神接触，而是触碰。

4. 中立者的行为特征

目前还没有发现中立者具有哪些相应的行为特征，他们总是愿意使自己言行看起来符合逻辑，因而显不出独特的地方。多数中立者看起来像动觉记忆偏好者，但他们又似乎不仅仅如此。曾经有一个理论试图解释这其中的联系：由于我们的动觉感官（身体的和情感的）是最先发展出来的感官，而抽象思考（中立感官）出现得比较晚，所以一些中立的人不得不从动觉记忆开始。他们早年间在情感方面受到的伤害，会导致他们把自己的情感封锁在抽象严谨的逻辑推导这堵墙后面。这个理论也许能帮助我们理解他们，但不能帮助我们进行判断，对这类人还需要使用本书中其他的读心方式。

感官决定我们是谁——从职业来判断

主导感官对我们的影响其实是隐藏在很多基本的事情之中的，譬如服装的选择、饮食的选择、旅游地的选择以及职业的选择等。

表面上，人们对职业的喜好是基于自己所具备的能力，而从意识层面来讲，人们选择的总是那些能够使感官记忆偏好得到充分发挥的职业。视觉记忆偏好者，有着良好的视觉，他们通常会成长为优秀的画家、服装设计师、珠宝设计师、建筑师，等等；听觉记忆偏好者的听觉系统总是较常人更发达，在广播电台、电视台、乐坛、心理咨询界总是以这类人居多；动觉记忆偏好者具备良好的动觉系统，能够准确地感知自己的身体，他们往往会选择与运动有关的职业，品酒师、调酒师、健身教练、登山运动员，等等；而中立阶层，由于有着良好的逻辑推理能力，他们的选择则会是能充分运用这种能力的职业，如律师、检察官、科学研究，等等。

从人生的角度来说，主导感官不同的人将会有完全不同的经历，动觉偏好者会有更丰富的内心体验，而听觉偏好者会接触更多的音乐，视觉偏好者可能会到各地旅游，中立者会很少作出冲动的决定，等等。

因此，获得交流对象的职业信息和人生经历信息，可以作为我们判断对方的主导感官的有效途径之一。你只要判断其所从事的活动中最需要调动哪个大脑区域，就能够得到对方主导感官的有关信息。

至此，我们介绍了以眼睛为主的各种感官对人们心理和行为方式的影响，以及判断交流对象的主导感官的几种方式，这将有助于你掌握与对方谈话的相应内容，并将你的讲话方式调整成更容易被对方理解、思考和交流的方式。换句话说，发现对方更喜欢运用哪一种感官记忆，你就可以运用他倾向于使用的那种交流模式，更好地掌控交际过程。面对一个喜欢运用视觉记忆的人，你的讲话形象生动，勾勒出了未来光明的前景，而告诉对方如何建立一个坚固的基础以避免可能产生的问题则是没有用的，因为这些是动觉词汇，对方是没法明白你在讲什么的。

在交流中这样的情形并不少见：争论双方所讲的其实是同一回事，但彼此就没法赞同对方。比如：

甲："你难道真的看不出来我的意思吗?"

乙："是的，我听见你所说的了，但我就是不明白你的意思。"

这里的甲是视觉记忆偏好者，乙是听觉记忆偏好者，他们谈话时运用了不同的语言，现在乙改成了甲偏好的交流模式：

甲："你难道真的看不出来我的意思吗?"

乙："好的，我这次会好好看一看。"

使用这样的沟通方式，他们会很快达成统一意见的，因为他们彼此理解。

使用和交流对象同样的方式说话，运用相同的比喻和描述方式，能帮助你找到对方感兴趣的事物，并很快形成一致。这在我们的生活和工作中有着很广泛的应用。例如，新产品推广时，对一个视觉记忆偏好者，你可以请他看一看产品有哪些好处，对一个听觉记忆偏好者，你可以让他听听产品有哪些好处，对一个动觉记忆偏好者，你可以请他感受产品的好处。这样的方式，有助于快速找到目标消费者。

第二章

读心，是为了与人更亲近

第一节　亲善的基本原则：把自己“变成”对方

模仿对方的动作，能够拉近心理距离

现在需要你闭上眼睛细想一下，在言情片中经常会出现的约会场面：一对甜蜜的恋人坐在茶馆或者咖啡厅里面，悠闲自在地品尝着香茶或咖啡。他们的表情动作会有什么特别之处吗？

他们是不是时不时地做着同一种表情或同一个动作，就像是镜外的人和镜里的影一样？一方用手摸摸头发，另一方也用手摸摸头发；一方跷起二郎腿，另一方也跟着跷腿；一方捂着嘴笑起来，另一方也跟着捂着嘴笑；一方举起了杯子，另一方也随之举杯……

想到或者看到这样一幅画面，你有什么感觉或想法？是不是感觉很温馨、很浪漫，感觉这两个人关系非常亲密、相互爱慕、心心相通？相信很多人都会有这种感觉。这是为什么呢？其实，这是因为他俩的步调是如此地一致，从读心的角度来讲，这种感觉是有道理的。

人与人之间这种表情或动作的一致被称之为“同步行为”。“同步行为”不仅存在于恋人之间，在我们日常的工作生活中也普遍存在，比如亲人、朋友、同事、上下级之间。那么，是什

么诱发了人们的“同步行为”?

肢体动作是内心交流的一种方式。俩人彼此把对方作为所效仿的对象，应该是相互欣赏或有相同的心理状态。即双方的相互欣赏或看法一致诱发了他们的同步行为。换句话说，“同步行为”意味着双方思维方式和态度的相似或相通。

一般而言，同步行为的一致性与双方关系的和谐度成正比。在双方的会面中，如果两个人关系和谐、相互欣赏，那么他们的同一行为会很多、很细微。反之，同一行为则很少。

想想会议中人们的表情，对某种意见持赞成态度的人和持反对态度的人，是不是往往各自做出相反的动作?赞成的那部分人面带微笑，不断地点头示意；反对的那部分人紧锁着额头，紧闭着嘴唇……

再想想生活中常会遇到的情景，去商场购物或去某展览会参观，你看上了一件物品，另一个人也看上了这件物品，你俩一同走近这件物品，一边看一边发出啧啧的赞叹声，“真漂亮”，就几秒钟，你们便互生好感，颇有点英雄所见略同的感觉。

俩人志趣相投、相互欣赏产生了“同步行为”，反过来，“同步行为”也可以促进彼此的内心交流，加深彼此的好感与欣赏程度。

在日常生活中，通过人为地制造“同步行为”，可以拉近彼此的心理距离，赢得对方的好感，让双方的交谈在不经意间变得和谐愉快。

作为下属，很多人都纳闷儿：为什么自己欣赏的领导也欣赏，自己不喜欢的领导也不喜欢?其实，这其中，“同步行为”就在发挥作用。你向领导传递了欣赏，领导感觉到了，对你有了好感，也试着以欣赏的眼光看你。由此推理，如果想得到领导的认可与欣赏，你首先应该认可、欣赏领导。你不妨这样做：

与领导在一起时，当领导无意中做出某个动作时，你也跟着做某个动作；领导做出某种表情，你也以同样的表情回应。作为领导，有时故意与下属同步也很必要。比如，某下属在你面前很紧张，你不妨摆出与其一致的姿势，拉近彼此的心理距离，缓解下属的紧张情绪。

对于有利益往来的双方，“同步行动”的魅力也丝毫不减。在推销或谈判过程中，如果你的请求或劝说得不到回应，不妨故意制造一些“同步行为”，快速攻破对方的心理防线。比如，对方翻阅文件，你也翻阅文件；对方脱下外套，你也脱下外套；对方将视线投向窗外，你也掉头欣赏窗外景色。如此反复几次，自然会引发对方的好感，缓和矛盾，使对方乐于接受你的意见，满足你的请求。不过，在效仿对方的举止时，要注意不露痕迹，否则，让人误认为你是在故意取笑他或讨好他，反而坏事。

模拟对方的表达方式，用语言提升亲密度

不知道在生活中你有没有遇到过这样的情况：当你挂断电话时，和你待在一起的人不用你说就会知道你刚才和谁通话了。他们是如何知道的呢？正是从你的说话的方式中听出来的。因为在你和电话那头的人通话时，你不自觉地整了自己的表达方式，使自己听起来更像是电话那头的人。而你之所以会这么做，是因为这样更容易提升彼此的亲密度。

因此，我们如若想拉近与他人的距离，建立良好的亲善关系，一个很好的方法就是模拟对方的表达方式。

1. 个人表达

我们每个人都有各自的表达方式。我们常常喜欢在句子中添加一些多余的、不必要的词汇，尤其是在句子结尾的时候，或者在句子一开始就使用一个从句。如果你听到对方使用这样

的表达方式，那你就和他做一样的吧！

2. 口头禅

几乎每个人都有自己的口头禅，而这些口头禅可能是俚语、行话或者其他什么。通常，这些词句是我们从别人那里学来并频繁用的，而我们很少意识到自己正频繁地使用这些词句。所以，和某人建立亲善关系的一条捷径就是注意观察他使用的口头禅，即他讲话时经常使用的词句，然后你自己跟着他说一样的。一旦你开始讲对方的语言，向对方展示你和他类似，你所讲的话就会很容易被对方清楚领会。

3. 行话

一般在谈某些特定的主题时，行话使用率比较频繁。比如，当你谈论打高尔夫球时，有关高尔夫球的一些术语就可能被用到。使用行话，就等于向对方表示你对话题的了解程度和他一样。如果对方使用的术语比你通常使用的多，而你也有足够的知识来应付这些，那就尽管使用和对方一样多的术语。反过来，如果对方使用的术语比你通常使用的少，那你也应该克制自己，不要使用多于对方的术语。比如，如果对方指着电脑屏幕说电脑“坏”了，你就没有必要去问他的电脑硬盘分了几个区，而只需简单地问一下他是否按了显示器关闭键。

我们需要被接受和尊重，我们需要良好的亲善关系，尝试着模拟对方的表达方式，你会发现获得这些也并不是特别难的事。

调整你的声音，用声音建立一致性

有这样一个实验：

一个电话推销公司为了让更多的人订阅杂志，他们让销售人员给每个潜在客户打1～2次电话进行推销。所有的销售人员被分成了两组，第一组沿用老一套的方式进行电话销售，第二组则得到了一个额外的指示：在给客户打电话时，尽量模仿对方的语速。只是这么一个小小的差异，结果却大不同：第二组销售人员的业绩比以往提高了30%，而第一组销售人员的业绩则看不出有明显的改善。

除了配合对方的语速后，我们还可以配合对方的语调和音量等。这些都是声音里的某一个元素。声音是建立亲善关系的另一个强有力的工具，我们可以通过调整自己的声音，使之与谈话对方一致来获得对方的好感。我们需要根据自己的判断逐渐地调整声音，但是大可不必精准地模仿对方的声音，这样不仅很难做到，而且会显得很奇怪。为了使我们的声音模仿和对方相近，需要体会对方是怎样运用以下这些元素的：

1. 音调

对方的音调是低沉的还是轻快的？一般来说，男人讲话时发出的声音比他们的喉咙应该发出的声音更低沉，而女人讲话时比她们应有的声音更轻快。由于文化对行为的影响，我们习惯于用说话的音调来凸显自己的性别。所以男人习惯于从喉咙里发出含混低沉的声音，而很多女人则习惯于发出轻快尖锐的声音吸引他人的注意。

2. 语调

对方的声音是不是始终保持在一种语调上？会不会在陈述完毕时使用降调？或者会不会在提出问题后使用升调？一般使用单一的语调或者语调保持不变的人常常使人琢磨不透他所说的话的真正含义，比如他是认真的还只是开玩笑而已。他只是在陈述还是在提问？而说话时语调比较丰富的人通常比较容易理解。

3. 语速

对方说话的速度是快还是慢？通常，我们说话的速度和思考的速度是一样的，因此如果你说话太快，对方的思维速度可能就跟不上你，因而无法理解你所说话的意思，错过了你想传达的重要信息。而如果你说话的速度又太慢，对方则很容易感到厌倦无聊，很容易走神，不能专注于你想传达的信息。甚者，你太慢的说话语速还会导致对方烦躁不安，一心盼望着早点结束与你的谈话，避免浪费更多的时间。

4. 力量和音量

模仿别人的音量相对来说比较简单，而且很容易获得对方的好感。说话轻言轻语的人也会喜欢你把音量调整到小声安静的程度，而高声说话的人如果发现你的嗓门也不小，会把你视为同类，越发喜欢你。如果你嫌对方说话的声音过大，你可以通过提高讲话音量，让对方注意到他自己讲话的音量，从而使对方降低音量。

5. 饱满度

饱满度主要是用来形容对方的声音是浑厚而抑扬顿挫的还是细弱而轻快的。由于受文化的影响，饱满而富于变化的声音会被我们视为有力的、严肃的和可信赖的，而细弱轻快的声音则视为带些孩子气的、女性化的和诱人的。

由此可见，声音里包含了不少元素。我们如若想建立与他人的亲善关系，不妨模仿声音里的元素之一。

适当重复对方的话，以获得好感

很多人都有这样的错误认识，总是重复对方的话好像显得自己比较啰唆，容易引发他人的不满，其实实际情况并非如此。的确，过多的重复容易给人造成一种错觉，然而要是重复得恰到好处，适当地重复对方说话的重点，那么对方便认为你很重视这次谈话，能够抓住谈话的重点，那样，效果就不一样了。

在与人交谈的过程中，适当重复对方的话，既可以增强自己的理解程度，体现别人对对方的尊重，还可以对问题和结果进行强化，激发对方对谈话的兴趣、加深对自己朋友之间的交往，必须给人以信任感，这是不言而喻的。那么，怎样才能让朋友对你产生信任感呢？其实很简单——沟通的过程是最容易获得朋友信任的时候，而沟通过程中能否适当地重复对方的话尤为重要。

在恰当的时候重复对方说话的重点，这是一种加深他人对我们印象的一种最简单有效的方法。这是因为，大部分的人都对自己的语言都有一种特殊的感情，尤其是在某些情况下经过深思熟虑之后的发言，这类发言对于他们自我满足感来说相当重要，这个时候一旦我们对他人的话不以为意或者不加重视，那么很难让他人对我们有什么深刻的好印象，相反还会把我们纳入一种不能“志同道合”的陌生人的范畴，那样我们就无法和这样的人接触、获得他的好感了。其实，在这个过程中，我们只要以同样的心情了解对方的烦恼与要求，满足一下他们内心的满足感或者虚荣心，很容易收到相反的效果的。

因此，当我们与他人交谈时，听取了他人的某种意见后，一面要点头表示自己同意，一面要适当重复对方的话，这样就能让对方感觉受到了重视，从而拉近你们的距离，不由自主地将心里话说给你，将你当做好朋友来接待。

配合对方的精神状态，沟通效率倍增

要想建立与对方的亲善关系，配合对方的精神状态也是很重要的。

要做到这一点，你必须能够注意到那个人的情绪状态和精

力值。有的人在午饭时间之前情绪都会有点低。他们早上到办公室和同事打过招呼后，就会一直坐在椅子上，浑身散发着“不要打扰我”的气息，直到午饭时间，他们才会真正地睁开眼睛，情绪也才会好转。这并不是表示他们的工作状态不太好，而是说他们需要更长的时间才会展开社交活动。一般人的情绪状态都会处于不断的变化之中，但这类人就像慵懒的猫一样，情绪只会处于一种慵懒状态中，而且很少会表现出快节奏的肢体语言。

但是有的人却正好相反，他们常常精力充沛、坚决果断。早上笑容满面地冲进办公室，精神饱满地和其他人打招呼，即使劳累了一天后，还能一路小跑回家。

也许你正精力充沛、兴致勃勃，但是你的工作计划需要得到一个昏昏欲睡、性格内向的同事的支持与合作，这时候，你最好稍稍放慢脚步，不能一开始就试着让你们两个人都充满热情。如果你大叫一声，重重地拍一下同事的后背，把他吓得够呛，而且害得他把咖啡都洒了出来，那么你肯定会在要求与他合作时遭到拒绝。相反，如果你是那种行动迟缓、处处谨小慎微的人，而你恰好又需要与那些精力充沛、行动果断的人合作，那么你就必须想办法点燃自己的激情，否则很可能激怒你的合作者。

有生理学家指出，每 90～120 分钟，我们的身体会经历一个从精力充沛到精力衰竭的周期。在精力衰竭的时期，我们会开始觉得注意力分散、坐立不安、打瞌睡和感到饥饿。这个时候，我们的身体会需要一段时间来恢复。如果你恰恰在对方进入精力衰竭时，和对方说话或者求对方办事，那么你碰壁的可能性会大大提高。

你要记住，有时候你被对方拒绝，并不是因为你的创意不够好，而是因为你的情绪状态和精力值与对方不匹配。所以，如果知道对方在午饭过后更容易接受意见时，就要把会谈约在午饭后，尽量调整自己，使自己配合对方的感受，这样沟通的效率也会大大提高。

通过调整呼吸节奏建立亲善关系

建立亲善关系的又一个基本方法，就是跟随他人的呼吸节奏，即和他人以同样的速度和强度进行呼吸，这样做的用意在于让你保持和他人一致的身体节奏。当你改变呼吸节奏时，你的肢体语言和谈话也会自动发生相应的改变，而你也可以轻易改变谈话的声调了。这样你和对方的联系同时也会变得非常微妙。

糟糕的是，要做到和他人保持同样的速度和强度呼吸是十分困难的。如果你突然注意到某个人是怎样呼吸的，那么一定想方设法去模仿他的呼吸节奏。

人们的呼吸方式决定了他们的呼吸能否被注意到，比如呼吸是重是轻？是用胸部呼吸还是横膈膜呼吸？你可以通过观察他人肩膀的颤动来发现他们的呼吸节奏，或者聆听他们的讲话，观察他们讲话中的停顿，以此来判断他们什么时候在吸气。因为我们吸气的时候通常是不说话的。

你还可以通过拥抱来清楚对方的呼吸方式。你要先观察出你和对方呼吸节奏的差异，然后慢慢模仿对方的呼吸节奏大概一分钟左右，再试着调整到与之同步。

在与人的交往中，一开始，你可能更多地把注意力放在观察对方的一般节奏上，比如对方的点头、握手，等等，而不在对方的呼吸节奏上。接着，你才会开始模仿对方的呼吸节奏，渐渐地完全跟随对方的呼吸节奏。如果你实在做不到这点，尽量使一般节奏与对方同步即可。

通过注意以及模仿对方的呼吸，也可以清楚对方的情绪。

比如，当你和对方的呼吸同步时，你忽然发现对方的呼吸变得急促了，且胸部起伏，那么即使他的表情看起来镇定自若，你也可以知道他其实正焦虑着。这个发现可以让你尽量配合他，让你们的交往更顺利。

方法篇

读心，停！看！听！

第一章
外表的每一面都有意义

第一节　服装潜台词：想要呈现怎样的自己

常穿暖色系衣服者多开朗，常穿冷色系衣服者多含蓄

在选购衣物时，人们除了会遵循自己喜欢的类型和原则，还会考虑服装的色彩。所以，通过观察人们喜欢穿什么颜色的衣服，也可以看出他具有什么样的性格特征。服装的颜色大致上可以分为两类：暖色系和冷色系。暖色系的颜色例如红色、橙色，冷色系的颜色例如蓝色、白色等。仔细观察你会发现，一个人给别人的感觉就好像他身上穿的衣服给人的感觉，常穿暖色系衣服的人通常开朗大方，而常穿冷色系衣服的人则以内向含蓄者居多。

先来看看爱穿暖色系衣服的人。有的人喜欢穿黄色的衣服。这类人，通常有自己的独特见解和想法，富有高度的创作力及好奇心。他们心情欢畅，性格外向，精力充沛，并喜欢幽默，乐于广交朋友。他们也热爱生活，身心健康，乐于助人，做事潇洒自如。而且，他们通常都具有冒险、追求刺激和新鲜事物的特征，无法忍受一成不变。他们还相当自信，对于自己的决定坚定不移，很少听别人的安排。

有的人喜欢穿绿色衣服。这样的人，性格外向、活泼，个性谦虚、平实，并且善于克制，不爱与人争论。他们很少心绪

烦乱，也少有焦虑不安或忧愁的感觉，是真正乐观开朗的人。他们同样具有有宽大的胸怀，对于自己不喜欢的人也不会刻意地排斥或疏远，是真正和善可亲的人。而且这类人道德感强烈，个性爽直，是聊天的最佳人选。

有的人喜欢穿粉色衣服。选择此类衣服的人多是单纯天真的幻想家，喜欢做“白日梦”。他们的心境一般都是纯洁如白纸般的，而且比较感性，会因为一些完全与自己无关的事而生气或者开心。他们处世温和，希望在别人眼中是个高贵的形象，常常想让自己呈现出年轻、有朝气的感觉。不过，他们有强烈逃避现实的倾向，总是喜欢沉溺于自己的幻想里。

再来看看爱穿冷色系衣服的人。有的人喜欢穿蓝色或者蓝紫色的衣服。他们的性格缺乏决断力、执行力。这类人平常待人虽温和，但自尊心强。而且，他们说话比较啰唆，缺乏羞耻心和责任感，但是他们并不善于表露自己真实的情感。不过他们的自尊心非常强烈，不能允许别人不认真听自己说话，哪怕是无关紧要的话。想和这样的人交往，最好不要在他们面前说别人的坏话，因为他们可能会假惺惺地骂你。

有的人喜欢穿棕色的衣服。这样的人自我价值观很强烈，很害怕因为外来因素的介入而改变自己的现状。他们的个性也很拘谨，在外表及处理事情的态度上，能给人一种很强的信赖感。他们对于人与人之间的利害关系分得很清楚，容易给别人一种冷漠的感觉，但其耿直的个性颇值得信赖。所以，他们是真正适合深交的朋友。

有的人喜欢穿黑色的衣服。黑色象征着神秘和庄严，所以喜欢穿这类颜色衣服的人常常会给人留下神秘、高贵的印象。而且，他们也确实不太善于社会交际，常常不知道该怎么和人打交道。不过，和他们熟悉以后，你会发现他们是非常有趣的人。这类人性格通常多是温柔善良，忠厚老实，且具有宽容的气度。不过他们的依赖性非常重，有时候看起来好像是个乐观的人，实际上是为了掩饰内心的不安和恐惧。不过，他们有坚持不懈的精神，无论干什么都不喜欢半途而废，任何事情都要彻底弄明白。

有人喜欢穿白色的衣服。一般情况下，这样的人清廉纯洁，是个现实主义者。他们常常会自以为是，对于自己喜欢从事的工作，则会勇往直前地追求和实现。不过，他们总会为自己的失误找出各种借口。他们没有什么话题可言，除重要的事情交涉后，关于酒色话题一般不参与谈论。为了维持自己的“白领’形象，他们无时不在为工作做出努力，他们是上司眼里的精英、下属心中的怪物。而且，喜好穿白衬衫的人，总是以工作为人生的支点，是不折不扣的现实主义者，对工作有一贯认真的态度。白色的优点是与任何颜色都能搭配，所以，有时候他们也能给人一种亲切感，但都是表面程度的亲切，内心还是很疏远的。

有的人喜欢穿紫色的衣服。这样的人，性格内向，多愁善感，敏感多疑。他们通常具有不错的文化素质和涵养，往往以艺术工作者居多。而且，虽然他们常常焦虑不安，然而往往能够驾驭和控制内心感情的忧虑和苦恼。但是常穿紫色衣服的人又有些自视清高，对于不属于同一领域或和他不是一个档次的人或事情，往往会表现出不屑的态度，容易让周围的人疏远他们。

追求时尚者从众心强，不求时尚者个性较强

对于时尚，不同的人有不同的态度，有的人紧跟潮流、亦步亦趋，有的人却不为所动，坚持自己的风格。对于时尚的不同态度，也反映出一个人的心理性格特征。

在穿衣打扮方面追求时尚和流行，是从众心理的一种突出表现。经常穿流行时装的人，他们的服装选择跟着时尚走，流行什么就穿什么，却往往缺乏主见，也没有自己明确的审美观。

关于流行，法国启蒙思想家皮鲁迪尔曾经这样说道："流行就如同善变的心与无聊的女神。"而喜欢追逐流行服饰的人，通常也是在服饰上缺乏主见的人，缺乏自己独立的审美观，因此只能一切以"时尚"和"流行"为选择标准。这类人在团体中大多是顺应型，总是把自己埋没于多数人中，才能获得安全感。

另一方面，热衷于流行时尚的人，在心底里常有一种孤独感，害怕被孤立，害怕和别人不一样，因此通过追逐流行来融入大众，获得认同感。

而那些对时尚冷眼旁观的人，往往是追求个性的人。他们对流行和时尚似乎漠不关心，总是按照自己的偏好和标准来挑选衣服而不是跟着流行走。在这些人看来，流行和时尚不过是一时兴起的噱头，而找到适合自己的风格才是最重要的，何况流行天天在变，今天登上时尚封面的，明天可能就是俗物了。他们也并不在乎别人的眼光，不会因为自己的服装风格远离时尚而缺乏信心，除了对服装有自己独到的见解之外，在生活上也是很有主见和个性的一类人。

在人人都追逐流行的今天，这些能够不受外界干扰、按照自己的喜好选择服装与款式的人，在生活和工作中通常独立性较强，有很强的判断力与决策力，并具有很强的自主性。凡事不容易受他人意见的左右，他们非常清楚自己需要什么、适合什么，对自己的决定和判断充满自信，一旦制定了自己的目标，就努力完成，不达目的决不罢休。

同时，这类人也有过于自我的一面，常常听不见别人的意见，总是以自我为中心，喜欢特立独行、标新立异。在人际交往方面，个性不够随和，不容易和别人打成一片。

爱穿休闲装的人向往自由，爱穿西装的人重视形象

休闲装和西装是如今人们最主要的两种着装类型，不同的选择偏好可以折射出一个人关切点的差异。

随着工作压力加大、生活节奏变快，休闲对于很多人来说似乎成了一种奢侈品。而越来越多的人也重新开始重视休闲，对休闲服装的喜爱便是表现之一。不同的服装带给人们不同的心境和感受，职业装让人进入工作状态，给人以专业和稳重的感觉，但难免显得过于谨慎和拘束。而休闲服带给人身体的彻底放松和舒适，更能给人带来精神上的自由和愉悦，给人以无拘无束的自由感觉。喜欢穿休闲装的人，多半是向往自由和舒适的人，个性也比较随和。

这类人喜欢悠闲自在的生活方式，追求自然和简单，因此在为人处世上也比较单纯，没有什么心机，对人对己都没有过多的要求。他们为人十分亲切、随和，做事脚踏实地，也是容易配合。没有明确的自我主张，善于自我掩饰。因为不爱与人争，所以通常人缘也很好。几乎不会花言巧语地去欺骗和要弄他人，而且凡事都倾向于往好的方面想。

在工作上，他们不喜欢被各种规则束缚，通常也比较有自己的想法和创意。他们追求简单的人际关系，一般比较内向，埋头于自己的工作或者兴趣爱好，而懒于和人接触，除非是关系很好的朋友。

西装是人们在工作场合以及一些社交场合的正式着装，一套合身的西装能够让人看起来更成熟、更专业。因此，很多人即使在不必要穿西装的情况下也总是穿着西装，尤其是一些男性，常常都是西装革履。他们认为西装比较有品位，能够体现自己的身份和地位，也能够展现男性的阳刚之气。总的来说，爱穿西装的人，都希望给别人留下成熟、专业的印象。

穿西装是很有讲究的，西装的款式、颜色与衬衫、领带、皮鞋的搭配，一样都不能忽视，否则就会影响到整体效果。因此爱穿西装的人通常十分重视自己的外在形象，而且大多做事讲究原则和秩序，倾向于遵守传统的观念和各种规则以外，穿西服可能稍微缺乏情趣，生活中少了一点冒险和惊喜的成分。

西装以单色、无花纹的居多，但也有例外，例如格子花纹和浅色西装。

格子花纹西装在人群中很引人注目，爱穿格子花纹西装的人，喜欢与众不同。他们很有自己的主张和立场，不轻易听信别人的意见，有时显得特立独行，也有一点矛盾的心理。一方面他们和很多人一样穿西装，不希望自己太特别，另一方面又选择样式特别的格子花纹西装，因为不想和别人太一样。

而爱穿浅色西装的人，全身的搭配以白色或浅色系为主，外表看起来比较平静、不苟言笑，而实际上属于冷面笑匠。他们选择浅色的西装，一方面引人注目，另一方面是希望别人把注意力放在他的脸上而不是身体其他部位。这类人对于事物通常有诙谐的见解，谈话机智而幽默。

同样是西装，不同的样式所隐含的信息也是不同的，从一个人喜爱的西装样式可以观察他的个性。一项关于西装样式的心理学实验表明，喜欢穿单排扣西装的人比喜欢穿双排扣西装的人更容易相处。穿单排扣西装的人较为随和、亲切自然，如果有陌生人和他打招呼，他会乐意和你交流。而喜欢穿双排扣西装的人，可能立即对你心生戒备，谈话也非常严肃谨慎。

此外，西装外套的合身程度也能够反映一个人的心理状态。服装是人们塑造形象的重要方式，西装也不例外。有的人在选择西装时，总是会选择比自己的尺码大一号的衣服，这并不是对自己的身材把握不好，而是另有原因。这类人通常刚刚离开校园踏入社会，略显得不自信，因此希望通过宽大的西装让自己看起来更高大、更有力量。也就是借助服装来提升自己的自信度。和这类人相处，最好多给予肯定和表扬，以寻求帮助的姿态打交道，这样更容易赢得他们的信任和好感。相反，选择稍小的西装外套的人，通常很有自信，喜欢控制别人，凡事按照自己的想法行事，在工作上会积极表现，行动力较强，和这类人相处不能硬碰硬，多称赞他的魄力和主见更容易得到好感。

而那些总是穿着十分合身的西装外套的人，十分注重自己留给别人的印象，保守稳重、有教养，但是不太愿意和别人太亲近。和这类人相处要采取温和的、循序渐进的方式，重视礼貌和规范，才能赢得他们的信任。

喜欢华丽花哨服装的人有较强的自我表现意识

人们的穿着虽然不会说话，但是却可以传递着不同的性格、爱好及身份等多方面的信息。比如，规规矩矩、一本正经的人，喜欢穿西服、系领带；穿黑色衣服的人，显得冷静、深沉；穿着艳丽的人，显得活泼可爱；自由随便的人，喜欢穿牛仔服、宽松式便装；歪戴帽、敞胸怀、挽裤腿的人，显示其性格粗犷，很不在乎；地位高的人，则穿着严肃端庄。所以，衣服可以反映人的性格。

比如，总是喜欢穿华美服饰的人，有强烈的自我表现欲。在大庭广众之中，你可以发现某些人总是穿着引人注目的华美服饰，这种人大体上有强烈的自我显示欲。他们总是希望别人能够将目光集中在自己身上，也希望自己什么时候都有一副光彩照人的形象。所以他们的自我显示欲强，并且爱出风头。同时，这样的人对钱的欲望特别强烈。他们穿着华美，看似不是很缺钱，但是他们却对钱有强烈的欲望，会想方设法地赚钱。因此，当你看到这类身着华丽服装的同事或其他人时，就能洞察出他们的心理。如果你想得到他们的好感，可以多夸奖他的服装服饰，满足其膨胀的表现欲，这样肯定会使他们对你好感倍增。

有的人追求名牌服饰，这类人通常晋升意识很强。现在有很多上班族对名牌服装、名牌包等趋之若鹜，宁愿吃泡面度日也要省下钱来让自己拥有更多的名牌。同样，他们在选择工作时最关心的是某个公司是不是世界500强，选择男女朋友的时候最关心的是对方的家庭背景和高学历。名牌大学、名牌公司和名牌服装一样，都是上流社会的标志，追求名牌则是想要跻身上流社会的一种表现，用各种名牌来包装自己，让自己看起来生活富裕而且很有品位。喜欢追求名牌的人在工作中通常也有很强的竞争意识，他们明白，用名牌来包装自己只是进入上流社会的第一步，关键还是工作表现。他们不满足于仅仅拥有光鲜的外表，永远不会安于现状，不甘落于人后，因此会拼命工作，争取早日晋升，从而获得更高的地位和经济条件。

有的人喜欢穿与众不同的衣服。他们喜欢以自我为中心，标新立异。这种人对于流行趋势毫不关心，只穿自己喜欢的衣服，他们的个性可以说是十分强硬。并且这种人认为，如果跟别人同调，岂不是失去了自我？所以他们坚决不与他人雷同。由于他们喜欢以自我为中心，故经常弄得大家不欢而散，所以人缘不是很好。并且，他们中的部分人，不敢面对外面的花花世界，而一味地把自己关在小黑屋里，他们认为这样很安全，并且有自己的特色。

有的人的穿衣风格不稳定，经常会突然改变服装嗜好。这样的人，性格比较古怪，不喜欢与别人有过密的交往，对什么人都存有戒心。所以，对于这种突然改变自己服装嗜好的人，若想与他们继续保持良好的关系，应当对之视而不见，或者赞美他“穿什么都很不错”之类的话，相信他的心灵大门一定会向你敞开。而且，你承认他“穿得不错”的态度要比别人的质疑的态度强，这样，过不了多久，他就会靠近你，与你交流、谈心，说他改变服装的原因，从而增进你们之间的关系。

有的人只跟着潮流走，喜欢穿最流行的衣服。这种人完全不理会自己的嗜好，甚至说不清楚自己真正喜欢什么。所以他们以流行为嗜好，向流行看齐，随着潮流走，没有主见。他们不会自己决定，只能看大家都在追捧什么，就跟随大家。其实，这种人在心底里常有一种孤独感，他们很无助，不知道自己想要什么。他们的情绪也经常波动，会很容易开心，也会突然间情绪低落。所以他们是有孤独感、情绪不稳定的人。

有的人恰恰相反，他们会冷静对待流行，不盲目追随潮流。但是，他们也不会因循守旧，而是会渐渐改变穿着方式。这样的人，情绪稳定，处事中庸，一般不会做什么越轨的事。他们很理性，很少做出狂热的行为。他们不过于顺从欲望，也不盲从大众时尚。因此，这种人比较可靠，值得结交。他们在工作的时候，也是稳重的领导者。

总之，不同的人，会选择不同的服饰。很多人或许未曾料到，穿上自己喜爱的衣服，包括颜色、质料、款式等，会把他毫无掩饰地袒露出来了。不过，只要我们用心观察，就可以通过一个人的穿着，判断出他的性格。

领带的花纹显示出“想要别人怎么看自己”

领带的作用类似于女人的丝巾，但男人的行事原则和人品秉性却可以完完全全地展现在领带花纹及打法上。仔细观察周围的男士，便会发现他们本性中的一些蛛丝马迹。

领带中最常见的要数条纹领带，例如深蓝色底白色斜条纹，喜欢系条纹领带的男人通常性格谨慎而保守，希望给人留下成熟、稳重，有能力的形象。刚刚走入社会的年轻人也常常违背自己的心意，选择这种朴素大方的条纹领带，让自己看起来“很可靠”的样子。

另一种常见的领带样式就是圆点花纹。系这种领带的男人通常是很好相处的好好先生，性格温和但有时稍显懦弱，特别是作决定的时候常常优柔寡断，缺乏主见。

有时也会看见一些男人系着颜色花哨的领带，例如粉色系或红色系。他们很注重自己的风度和形象，希望打造出很有魅力和吸引力的形象。他们选择的领带不但颜色鲜艳，而且通常有特别的图案，例如动物、地图等图案，看上去十分亮眼，这也是他们希望通过领带来表现自己的品位与众不同。有些经理、总经理会刻意选择别致的领带让自己和普通的员工区别开来。

除了领带的花纹，从领带与衬衫的不同搭配方式也能看出一个人的性格。不同的颜色搭配给人以不同的视觉效果，也正是一个人希望呈现给别人的形象。

深蓝色领带搭配白色衬衫的男人事业心重。“蓝领”代表工人阶层，“白领”代表管理阶层，他们将两者融合到一起，上下兼顾，少年老成，同时不乏风度翩翩；由于视野开阔，白领的诱惑远远超过蓝领，所以他们对工资十分专注，事业心极重，因此在奋斗过程中常常出现急功近利的表现。

多色领带搭配浅蓝色衬衫的男人不够专一。五彩缤纷是人们对美好事物的形容，充满了迷离和诱惑，普通人和勤奋的人往往对此敬而远之。所以选择这种领带和衬衫的人拥有一股市井气息，热衷于名利。路边的野花繁多美丽，常常使他们心猿意马，见异思迁的他们对爱情往往不能用情专一，追逐的目标总是换了一个又一个。

黑色领带搭配白色衬衫的男人黑白分明。黑白分明是对于阅历丰富之人的形容，所以喜欢这种打扮的人多为稳健老成之士。由于看得多，感悟也会多，他们懂得什么是人生的追求。另外，他们还善于明辨是非，相信“善有善报，恶有恶报”，正义在他们身上得到了最大的展现。

黑色领带搭配灰色衬衫的男人内心忧郁。领带黑色、衬衫灰色的男人不用看他们的表情如何，仅这身打扮就让人有种不舒畅的感觉。这种人一般都有很深的忧郁，而这份忧郁是气量狭小所致，他们选择这身打扮，正是为了掩盖这个缺点。

红色领带搭配白色衬衫的男人热情开朗。红色象征火焰，代表奔放的热情，更是一种积极和主动的表现，所以男人选择红色领带，就像追逐太阳的光辉，以使自己成为注意的焦点。他们本应该属于充满野心的类型，但白色代表纯洁，是和平与祥和的象征，白色衬衫让别人对他们刮目相看，见到他们如火一样的热情和纯洁的心灵。

T 恤上的文字和图案想要表达什么

当今，T 恤已经成了夏日里最普遍而且最受欢迎的服装，男女老少皆宜。在过去，T 恤只是用来保暖和吸汗的内衣，可是现在，它已演变成了一面公众告示牌，自己可以任意在上面留下或记录各种情绪和想法。所以，选择什么样的 T 恤可以更直观地看出一个人具有什么样的性格。

习惯于选择没有花样的白色 T 恤的人，多是一些自己比较独立的人，他们不会轻易地向世俗潮流低头。他们一般都会具有一定程度的叛逆性，但表现的形式往往不是特别明显与恰当。

喜欢选择没有花样的彩色 T 恤的人，自我表现欲望并不是十分强烈，他们甚至可以甘于平庸，做一个默默无闻的人。他们多数比较内向，不喜欢张扬，而且富有同情心，在自己能力许可的范围内，会去关心和帮助他人。

喜欢在 T 恤上印有自己名字的人，思想多数是比较开放和时尚前卫的，能够很轻松地接受一些新鲜的事物，他们对一些陈旧迂腐的老观念多是持一种排斥的态度。他们的性格比较外向，喜欢结交朋友，为人比较真诚和热情，所以通常会有良好而又不错的人际关系。他们的自信心还是挺强的，有一定的随机应变能力，在不同的情况下，能够随机应变地采取应对策略。

喜欢 T 恤上印上各种明星的画像及与之有关的东西的人，多属于追星族，他们对那些人十分崇拜，并且希望自己有朝一日能像他们一样。他们很乐于向别人表达自己的这种心理。

喜欢在 T 恤衫上印上一段幽默标语的人，多具有一定的幽默感，而且很聪慧。另外，他们也是具有很强的表现欲望的，希望能够引起别人的注意。

喜欢穿印有学校名称或大企业标志的 T 恤，这种类型的人一般比较希望他人知道自己的身份，并且对自己所在的单位和企业具有一定的感情。他们希望能够以此为载体，吸引一些志同道合的人。

喜欢穿印有著名景点风景的 T 恤，这一类型的人对旅游总是很有兴趣的。他们的性格多是外向型的，对新鲜事物的接收能力很强，而且具有一定的冒险精神。他们的自我表现欲很强，希望把自己所知道的一切都传达给他人。

总是穿相似款式鞋子的人，不爱冒险

鞋子，并不像人们所想象的那样，单纯地只起到保护脚的作用，这只是鞋子最基本的功能。在观察他人的鞋子的时候，人们除了注意其美观大方外，还可以通过鞋子对一个人进行性格的观察。

有的人特别偏好某一类型的鞋子，虽然拥有很多双鞋却都大同小异，始终穿着自己最喜爱的一款鞋子，这一双穿坏了，会再去买另外一双差不多的，这样的人思想是相当独立的。他们知道自己喜欢什么，不喜欢什么，他们十分重视自己的感觉，不会过多地在意他人怎样看。他们做事一般比较小心和谨慎，在经过仔细认真考虑以后，要么不做，要做就会全身心地投入，把它做得很好。他们很重视感情，对自己的亲人、朋友、爱人的感情都是相当忠诚的，不会轻易背叛。具体来说，又有以下几种情况：

1. 喜欢穿细高跟鞋的人

穿细高跟鞋，脚在一定程度上是要受些折磨的，但爱美的女性是不会在意这些的。这样的女性，有很强的表现欲望，她们希望能引起他人和异性的注意。

2. 喜欢穿运动鞋的人

喜欢穿运动鞋说明这是一个对生活持积极乐观态度的人，他们为人较亲切和自然，生活规律性不强，比较随便。

3. **喜欢穿拖鞋的人**

喜欢穿拖鞋的人是轻松随意型人的最佳代表，他们只追求自己的感觉和感受，并不会为了别人而轻易地改变自己。他们很会享受生活，绝对不会苛刻地强求自己。

4. **喜欢穿露出脚趾的鞋子的人**

喜欢穿露出脚趾的鞋子，这样的人多是外向型的，而且思想意识比较先进和前卫，浑身上下充满了朝气和自由的味道。他们很乐意与人结交，并且能做到拿得起、放得下，比较洒脱。

在古罗马时期，人们就用鞋来凸显一个人的身份。只要出身高贵或者有良好教养家庭的人会在成长中被教育道：鞋子是一个人的身份象征之一。正是因为鞋子容易被人们忽略，因此那些重视鞋子的人才是真正重视形象的人，你会发现那些每天把皮鞋擦得很干净的人，在其他方面一定也是一丝不苟、干净整齐的。一般来说，人们观察别人的外貌最多关注的头部和衣服，很少有人注意鞋子。鞋子跟衣服比起来，是目光不太注意的地方。而如果有人不仅衣着讲究，而鞋子也很有档次，那么可以说这样的人才是真正重视打扮的人。

穿着另类的人，与众不同

虽然说每个人都有自己喜欢的穿衣风格，但总体上大多数人的服装都是符合大众标准的、合情合理的。而有的人一旦出现在公众场合，一定会招来众人的目光以及随之而来的疑问："他（她）为什么穿成这样？"

穿着另类的人大致可以分为两种类型。一种是不分季节、场合，穿了不合时宜的衣服。例如穿着随便地出现在非常正式、讲究的场合，这样的人如果不是判断失误，就是故意想要吸引别人的目光，不喜欢受一般规则和观念的束缚，就要和别人不一样。另一种是在服装款式和搭配上十分另类，既不属于时尚潮流，也不符合一般人的审美标准，让人看了十分纳闷儿。如果仔细观察你会发现，他们常常独来独往，很少和朋友在一起，行为上也有些另类。

总的来说，穿着另类的人，通常性格也比较另类。他们不太和人交流，也不喜欢主动接近别人，习惯待在自己的世界里，而外面的世界在他们的眼里是庸俗的、奇怪的，所以他们对人很冷漠，而他们另类的穿着打扮也让别人不敢轻易接近，因此更加剧了这种隔阂，久而久之便很少与人打交道，并且在行为和服装上都与众不同，好像在和其他人划清界限。

这类人常有着一些与别人不一样的想法和举止，他们的行为在别人看来无法理解，有时在别人眼里他们就是一群疯子。而普通人的生活在他们眼里则太死板，缺乏创意和想象力，只是按部就班地过着和所有人一样的日子。因而，他们不喜欢别人的生活方式，也不愿意让别人走进他们的生活。因此，这样的人朋友很少，因为真正能接近并理解他们的人很少，只有理解他们才能与他们这样的人成为好朋友。而他们一旦有了朋友，那这个朋友一定是可以推心置腹、无话不说的朋友。

穿衣风格是思想的形象

有人说：“服装是文化的表征，衣裳是思想的形象。”意思是说人可以通过衣着打扮来向外界展示自己。现在的人们提倡张扬个性，不再拘泥于某一种形式，可以更加充分地表现自己的心理状况、审美观点等，因此，我们可以从穿衣风格来把握一个人的性格特征。

喜欢穿简单朴素衣服的人，性格比较沉着、稳重，为人比较真诚和热情。这种人在工作、学习和生活中，对任何一件事情都比较能干，诚实、勤奋好学，而且能够做到客观和理智。但是，如果过分朴素就不太好了，这种情况表明其缺乏主体意识，软弱而容易屈服于别人。

喜欢穿单一色调服装的人，比较正直、刚强，理性思维要优于感性思维。

喜欢穿淡色便服的人，多为比较活泼、健谈，并且喜欢结交朋友的人。

喜欢穿深色衣服的人，性格十分稳重，一般比较沉默，凡事深谋远虑，常会有一些意外之举，让人捉摸不定。

喜欢穿式样繁杂、五颜六色、花里胡哨衣服的人，多是虚荣心比较强、乐于炫耀的人，他们任性甚至还有些飞扬跋扈。

喜欢根据自己的爱好选择服装而不随潮流而动的人，大多独立性比较强，有果断的决策力。

喜爱同一款式的人，性格大多比较直率和爽朗，他们有很强的自信心，爱憎、是非、对错往往都分得十分明确。他们的优点是行事果断，显得十分干脆利落，同时他们也有缺点，那就是清高自傲，自我意识比较强，常常自以为是。

喜爱宽松自然的打扮，不讲究剪裁合身、款式入时的衣着的人，多是内向型的。他们常常以自我为中心，而不能走进其他人的生活圈子里。他们有时候很孤独，也想和别人交往，但在与人交往中，又总会出现许多的不如意，所以到最后还是以失败而告终。他们多半没有什么朋友，可一旦有，就会是非常要好的。他们的性格中害羞、胆怯的成分比较多，不太喜欢主动接近别人，也不易被人接近，他们对团体活动通常是没有兴趣的。

需要注意的是，社会赋予每个人一定的社会角色，人们在公共场合被要求表现出符合特定角色期待的行为，尽量隐藏自己的个性，而在家里或是自己房间里时，则可以卸下伪装，放松下来，做真实的自己，一般人在家里的着装和上班与外出时穿的不一样，但也有人即使在家也穿戴整齐，从中可以反映一个人内心的防备程度，不同的居家穿着反映不同的心理。

很多人只要在家里就会一整天地穿着睡衣，非常享受在家休息的悠闲时光，这样的人通常比较会享受生活，把工作和生活分得很清楚，上班时间穿着干净利落的职业装，全身心投入工作，休息日就应该享受生活，换上柔软舒适的睡衣，悠闲地做点自己的事情。也有的人总觉得自己在勉强地过着社会的生活，承受着沉重的压力，因此想借着假日一整天都穿着睡衣，为自己取得一点平衡。

相比起来，在家里都穿着牛仔裤和 T 恤的人，对衣着更花心思，即使在自己家里，也不会显得太随便、太邋遢。此外，这样穿着即使临时需要出门或者有人来访也不需要换衣服，无碍于与他人碰面，说明内心可能期待与人接触，即使在家休息的日子也不例外。

也有人即使是在自己家里，仍然穿着衬衫、裙子等正式的服装，头发也像平时一样梳整齐，不会乱蓬蓬的。毋庸置疑的，他们是很讲究打扮的人，以深层心理来看的话，是常常对外人摆出姿态，一整天都不会有无精打采的样子。因为这类人的个性是“不让别人看到自己没防备的样子”，所以很难跟人毫无隔阂地融洽交往。同时，他们对于不喜欢的人，不会直接表现出嫌恶的态度，反而会笑容可亲地对待人。一般人对他们的评价是“很有修养的人”。然而，他们的外在或心里都对人很不安，因此，或许是为了显现自己比其他人更优越，所以在服装上更加讲究也说不定。

节俭穿鞋的男人很保守

在英国女性中流传着一种新的择偶方法，可以让她们在一分钟之内确定眼前的这个男人是不是自己梦中的白马王子。听起来很神奇，其实这都是通过看男人脚上穿的鞋子来确定的。或许我们不相信，鞋子可以向人透露出很多信息，包括你的性格、经济状况、社会地位、职业及年龄。所以，从鞋的选择上，可以反映出一个人的个性及心情。

比如，节俭穿鞋的男人很保守。当买完一双鞋子之后，他就非常珍惜它，希望鞋子能穿久一点，从而可以节省一笔置装预算。而他鞋柜中的鞋子，时间都很长。这样的人，是属于拘谨、放不开的保守型男人。在为人处世上，不够圆滑，常常会得罪人而不自知；在人际关系上，周旋的格局较小；在专业领域中，他会因默默努力，而有成功机会。因此，这样的人，是比较理想的结婚对象。而且，他的保守和严谨，使他有许多真心的朋友。不过，这样的人，内心也是热情的。他可能第一次约会时，心中就对你有着无限的遐想，希望能早日和你变成情人，亲密无间。但他那拘谨、保守的个性，又压抑着内心，不敢向你表白。如果，你喜欢上了这样的男性，不妨主动表白，往往会收到意想不到的结果。

有的男人爱穿休闲鞋，这样的人重品位。他们对于鞋子要求很高，不但要舒适，而且更注重鞋子的款式，还要搭配合适的服装。因此，这种类型的男人是注重休闲生活和生活品位的男人。他们喜欢掌握主动权，主观意识强，对自己的要求很严格，对异性的要求更是挑剔。在生活上，他们也是有规律的计划者。和这样的人约会时，你可以感觉到他是个十分体贴的好情人，态度温和有礼，言谈风趣幽默，他也是个十分了解自己喜欢什么样女孩的人。不过，和这样的人约会时，即使你不合他的理想，他也会很亲切，别以为他对你有好感，他只是有绅士风度而已。

有的男人会重复购买固定式样的鞋子，这样的人很怀旧。他们对于自己习惯的人、事、物，总有一份深深的依恋，就算他的情人无理取闹、任性、孩子气，他们也会以一种包容的心态去待她，直到她渐渐成熟明理。因此，这种类型的男人是很念旧的男人。他的老朋友很多，对朋友十分讲义气，他会为朋友出头且适时伸出援助之手，让老朋友觉得他是个值得信赖的靠山。

有的男人爱穿正统黑皮鞋，这样的人多是大男子主义者。他们习惯穿正统黑皮鞋，并且把鞋子擦得亮亮光光，绝对不能忍受自己穿双脏鞋子或旧鞋子出门。这种类型的男人，若是连休假或约会都习惯穿他那正统的黑皮鞋，你可要有心理准备，他肯定有不折不扣的大男人主义倾向，他有一套属于自己的待人处事原则，很难因为谁而修改。而且，他们对母亲的意见十分看重。

有的男人习惯于随便穿鞋，这样的人不拘小节。他们不在乎自己穿什么鞋子，乱穿一通。有的时候鞋子与衣服一点儿也不搭配，哪怕是鞋子早已破损、式样过时，他也无所谓。甚至不穿袜子、袜子已破损、穿错，他都可以忍受。私生活没什么条理，又喜欢做白日梦，相信总有一天自己可以一步登天，容易过着自欺欺人的生活。他们的感情世界纷乱复杂，常常是忘不了旧爱，又拒绝不了新欢。他们还眼高手低，总觉得自己可以把事情做好，而实际上他们毫无能力。

总之，通过观察男性爱穿什么样的鞋子，可以判断出他们的性格是怎样的。

鞋子折射女人心

大多数女性爱穿高跟鞋，高跟鞋让女人显得高挑美丽，然而也有一部人女性喜欢穿运动休闲鞋。喜欢运动休闲鞋的女人通常警觉心比较强。她们表面上看来大而化之，容易相处，但是她们非常会保护自己，警觉心很强。因此，一般朋友比较难看出她是怎样的人，但是相处久了，就可以从她随和的外表下，发现她内心的防卫。她可以很容易和人打成一片，却不能让别人真正深入自己的内心。不过，在外表坚强的防卫之下，其实她有非常脆弱的情感。如果有谁能真正走入她的内心，都能和她成为很好的朋友。而且，她们外表好像很容易和男生相处，其实她们都把这些男生当成同性朋友一般，反而对于心里喜欢的那一位，保持距离、敬而远之。

喜欢穿厚底、前卫鞋的女人外表大胆，内心保守。这样的女性，注意时尚并且追逐流行，喜欢成为大家注目的焦点。因此，她们外表看来作风大胆，其实，她们的内心相当保守。之所以打扮的与众不同，可能是她们对自己本身不具备足够的信心，所以会希望成为流行的一类，让人也注意到她的存在。

喜欢穿学生鞋的女人单纯敏感。这样的女性，个性单纯敏感，家庭教育严谨，容易压抑自己的情感。可能是年少的时候，父母管得比较紧，或是学校、工作场所风气较为保守，所以平时言行比较内敛，但是这样的女子其实内心是想尝试一些冒险的经历，当条件成熟的时候，她们很可能做出让人意想不到的事。

喜欢穿高跟鞋的女人成熟大方。喜欢穿高跟鞋的女子，个性成熟大方，喜欢思考，头脑聪明。在生活及工作上都相当尽责与努力，对周围的人、事物要求会比较高，但是因为想要的东西太多，有时会因为无法满足而脾气不佳。不过，这样的女子比较适合坦诚相对，如果她觉得你是一个值的交往的朋友，是不会故意摆架子刁难你的。

喜欢穿靴子的女人爱自由。喜欢穿短统靴子或长筒马靴的女子，爱好自由，不喜欢受拘束，勇于表现自己。一般来说这种女子不是外表出众，就是相当聪明有能力，容易成为异性倾慕的对象。而且，她们看起来比较难以接近。不过事实上，她们也是外表冷漠，内心热情的。

喜欢穿凉鞋的女人很有自信。她们喜欢将自己美好的一面表现出来，而且，她们的人缘不错，朋友也不少，对异性也很有兴趣。不过她们的个性颇为固执，不易说服。而且，她们缺乏耐心，一旦觉得这个人不怎么样时，就会迅速走人，懒得和他周旋。

总之，无论是男性还是女性，都可以通过观察他们喜欢穿什么类型的鞋子，来判断他们的性格。

以节约原则为主的人注重实际

在日常生活中，人们在选购衣服的时候，都会考虑到方方面面，如衣着款式、年龄、经济条件、用途，等等。所以，通过观察人们在选择衣服时所遵循的原则，也可以判断出他们的性格。

比如，有的人在选购衣服时，会以节约原则为主。这样的人，在购买衣物时，不管是不是特别喜欢，还是不算很喜欢，都会首先从价格上考虑。如果觉得价格合适，会继续全力以赴地讨价还价，寸步不让。因此，他们很珍惜钱，即使花一块钱也要计算它的价值。所以，想从他们身上借钱，简直是不可能的事。而且，他们会用金钱衡量很多东西，处处考虑金钱利益的得失，当你有困难时，他们很少伸出援手，所以显得很没有人情味。而且，他们崇拜那些有钱人，会尽量和有钱人攀交情，所以显得很势利。

有的人在买衣服时，会以树立形象为主。这样的人，在选择衣服时不以自己的好恶来决定，而是考虑能否给他人留下一个美好的印象。因此，他们是很注重自己的形象的，并且对自己要求很高。他们在乎自己的一举一动，而且努力实现完美，以求在公众心中树立起良好的形象，这也是他们相当重视权势和声望所致。

有的人会以唯美原则为主来选购衣服。他们在购买衣物时，主要追求好看，其他的如价格、质地和面料都是次要的。因此，他们爱打扮，并对一切美的事物都有十分灵敏的感受，以视觉美为最高的目标。不过这样的人，喜欢吹嘘，不注重实际，所付出的努力往往归于昙花一现，没有持久的恒心和毅力，因此他们有所成就的机会很渺茫。

有的人在选购衣服时以讲究原则为主。这样的人，在购买衣物的时候，过度讲究衣物的面料、做工和美感。他们非常清楚自己的价值，懂得为自己争取适合自己的东西。他们的享受也是建立在辛勤付出的基础之上的，所以大多能实现自己的目标和理想。并且，他们有求知的热情和自己的人生目标，会为了自己的目标而坚持不懈地努力。

有的人在选购衣服时，以实用原则为主。这样的人，穿衣仅仅是为了保暖或者遮羞，款式与时尚都是次要或无关紧要的。所以，他们对注重实际，性情忠厚，以中老年居多。他们的消费很低，会省下很多的钱，属于持家类型。他们也很善良，会悲天悯人，且乐善好施。

有的人在选购衣服时，以思想愉悦为主。他们不喜欢时尚和流行的东西，对商店橱窗中的展示往往不屑一顾。他们不在乎物质上的享受，把旁人的评头论足当成耳旁风。这样的人，只重视精神上的富足，他们看到一件物品，觉得心里很开心，精神很愉悦，不在乎价格、潮流、质地等，都会买下。所以，这样的人，活得很随性，能够为自己的内心而活，外在的都是浮云。

总之，人们对一件衣服的满意程度如何，其实都是由他们真实的性格勾勒出来的。通过观察人们在选购衣服时遵循的原则，可以判断出他们的性格。

第二节　淡妆浓抹皆有玄机

发型变化大的人有大幅改变生活的想法

发型在个人形象中占据很重要的位置，通常来说，每个人都会有自己比较固定的、适合自己的一款发型，平时只是作局部的改变，一般很少有极大的变化，突然改变发型是需要勇气的，心理方面的因素影响很大。改变发型通常是一种寻求自我改变的方式，人身上没有什么比头发的造型和颜色更容易改变的了，人们常常通过发型的改变来展示情感和态度。

突然将长发剪成短发的人通常有大幅改变自己的心情、想法与生活方式的意味，原因可能有很多种，但总是想要开始一段新的生活，可能因为不满足与自己当前的状态，或者想从不快的情绪中走出来，积极向前进。在一些特殊的时间，比如新年或新学期开始等特别的情况下，改变发型，除了可修饰仪容以外，同时也有振奋心情的意味。例如很多人在失恋之后，为了更快地从失恋的阴影中走出来，把长发变成短发或者作其他一些明显的改变，总之，是想要摆脱过去的不快，以全新的面貌开始新的生活。

当然，也有的人无法决定一种满意的发型，总是对自己的形象不满，因而经常改变发型。也有很多人是因为心里感到不踏实、闷闷不乐，或是非常焦躁。还有一种人并非想要改变，而是喜欢不断尝试、不断改变，希望别人对他说“啊，你又换发型了”或是“这次的发型真好看”，希望能常常引起别人的注意。这类人通常乐观积极，而且乐于作出改变。

有人说，总是不停地换发型的人对自己没有自信，因为总是找不到自己满意的发型。其实，时常更换发型恰恰是自信的表现，这样的人敢于冒险尝试不同的发型，相信自己换成其他的发型也会很好看，而且，即使新发型没有得到朋友的好评，也不会太难过，这样的人通常比较想得开，不会斤斤计较。

反过来，许多年都保持同一款发型的人，尤其是女性朋友，如果不是因为工作的原因，那么确实有一些与众不同之处。这样的人通常非常谨慎，一旦找到了合适自己的发型就不会轻易作改变，即使想要改变发型也总是担心不好看而一拖再拖，于是就一直保持着同样的发型。

喜欢神秘忧郁香水的女人追求完美的爱情

对于现代的女性来说，一瓶自己钟爱的香水是必不可少的。香水让女人在举手投足中注入恒久的芳醇，让她们更有“女人味”。因此，不同的人有不同的味道，通过观察她们选择什么样的香水，也可以判断出她们的性格。

有的女人喜欢神秘忧郁的香水。选择充满了神秘忧郁气质香水的女人，往往热爱心中幻想的爱情，追求完美的感情生活。不同的恋爱有不同的回忆，所以香水也不只是香水，它还包含着爱情。喜欢神秘忧郁的香水，能够让女人们联想到完美的爱情，她们也追求这样的爱情。她们也希望能从对方的举动、表情中，猜测出对方的微妙变化，同时她们也能感知对方之所想，具备知觉爱人的能力，属于神秘高深的那种人。

如果她们不喜欢神秘，只是喜欢忧郁气味的香水，那她们是喜欢独立的感觉。她们所选择的香水从内到外都散发着淡淡的忧郁味道，犹如空谷幽兰般寂寞飘香，这种人不在乎是否有人为她的美丽而喝彩。虽然有时感觉孤独，却又不能忍受被世俗所侵染。而有的女人只喜欢神秘的香水，或者充满变幻莫测的香水。选择这种风格的香水的人永远喜欢新奇的东西，这种人受不了一成不变，也不能忍受平庸。她们迷恋着奔放的角色转换。在自我放逐的意识天地里，这种人拥有绝对的主宰能力。

有的女人喜欢浪漫情怀的香水。浪漫情怀的香水让人充满了浪漫气质。这种人喜欢追求热情、浪漫的情感生活，是典型的浪漫女人情怀，具有无比的魅力。她们对所爱的人从不计较感情的付出，内心充满对对方无私的爱。

有的女人喜欢甜点型香水。习惯使用这种甜点型香水的女性是个可信赖的、稳重的、忠实的和喜欢和睦的人，她们往往是那种站在成功男人身后的女人。与这种女人交往，你会心情非常愉快，并且可能不自觉地对她们产生好感。而且，这种女人在生活中富有同情心，能够急人之所急，因而会受到他人的认可。所以，人们总会津津乐道于她的善行、爽朗的笑声以及助人为乐的精神。

有的女人喜欢充满清泉般柔媚纯美的香水。选择这种香水的女人的气质也如这香水一般，柔媚幽雅如纯美的白色百合。她们的魅力将无人能敌。这样的人，热爱生命中一切细致美好的事物，懂得享受美好人生。她们还能使周围的人像依恋自然之水一样依恋着她们，宠爱着她们。

有的女人喜欢古典型香水。习惯于用这种香水的女人，表明她们具有高雅气质，相当有品位。她们在自己的生活中总是能够建立正确的社交圈子。并且，她们有自己独特的生活方式，经常接受别人的私人邀请。因此，习惯使用这种香水的女人，相对比较成熟，为人处世讲究技巧，容易得到他人的认可。

有的女人喜欢精神型香水。习惯使用精神型香水的女性，在生活中渴求一种闲适的生活状态。然而在闲适中，她们并非虚度光阴，而是在脑海中翻腾着一个又一个的想法或幻想。所以说，她们是有想法，却又不经常表露出来的人。

总之，不同的女人喜欢不同的香水，通过观察她们喜欢的香水类型，可以判断出她们的性格。

从眼镜的样式解读“希望改变自己的程度”

眼镜最初是为了矫正近视或为了保护眼睛而使用的工具，但今天它早已超出了其原本的使用概念，成了具有多种功能且很有装饰意义的大众用品。眼镜除了矫正视力、过滤阳光、挡风沙等使用价值外，有的人戴眼镜，甚至就是为了美观或制造某种气质。

眼镜的框架普遍具有修饰脸型的作用，戴上眼镜的同时也就改变了自己原来的面貌，不同的样式对脸型的修饰作用也不一样，从中可以大致解读人们渴望改变自己的程度。

1. 无框眼镜

无框眼镜对脸部形象的改变不大，因此戴无框眼镜的人，是尽量不改变原本面貌的人，也就是说对自己有相当程度的自信，很谨慎，不太重视装饰自己，对于虚伪和做作的人不屑一顾。

2. 金属细框眼镜

虽然金属框眼镜没办法让形象有很大的改变，但却能达到“中庸”的标准。男性戴金属框眼镜通常会显得更为成熟稳重，希望当别人看他们的时候，认为他们除斯文之余，还有着学者的风范。这种人喜欢追赶潮流，给人一种很现代的感觉。女性戴金属框眼镜也会显得更加知性。有的女性，宁愿冒着给人死板印象的风险也要戴着眼镜，只因为她们觉得自己戴上眼镜之后看上去很知性，在她们看来，知性比女人味更重要，或者说知性是另一种别具风味的女人味，至少在形象上要给人看起来具有知性的样子。

3. 粗框眼镜

而改变形象程度最高的是塑胶框眼镜，例如冲击力十足的黑色粗框眼镜。和使用其他镜框的人比起来，戴粗框眼镜的人有强烈的“变身”欲望，大胆而乐于改变，愿意尝试新鲜事物。

除了镜框的样式之外，不同形状的镜框也会给人不同的印象，镜框的形状同样能反映出“想呈现的自己”。正圆形或方形眼镜的很少，大多数都是在正方与正圆之间的过渡，而趋近于圆或方的程度正可以反映人的性格特点。

（1）戴椭圆形眼镜的人性格随和，不喜欢走极端，喜欢温和的风格，总是与他人步调一致，从不会反对他人以贯彻自己的主张。也有人会因为面对不同的人而改变想法，不坚持自己的意见，很优柔寡断。不过也有可能是完全反对任何事、自我主张强烈的人，因为讨厌这样的自己，所以戴上让人感觉柔和的眼镜。

机器猫漫画中的主人公“大雄”戴的眼镜镜框是正圆形的。“虽然功课不拿手、因为小差错而常常失败，但豁达开朗、人很好”，这种镜框的样式对他这样的角色非常适合。然而，现实生活中很少看到会戴圆形眼镜的人，是非常容易引起注意而且自以为是的人。因为对自身的独特性与原创性有强烈的感觉，所以喜好或价值观也会有所偏颇，对于任何事都有他独到的见解，对于人或事物有严格评断的倾向。

（2）对于戴方形眼镜的人而言，营造知性气质是非常重要的，对于知识性的事物怀有憧憬，是一本正经的内向性格。思考模式是以符合正统为基准，对事物看法倾向于“非黑即白”的二分法，容易被人形容成“一本正经”“说一不二”。

不同的喜好反应出不同的心理状态，对眼镜的偏好，也是人们性格特征的外在表现。

全身珠光宝气，是没有自信的表现

佩戴首饰不仅是修饰外貌的方法，也带着很强的自我表现的意味。仔细观察就会发现，性格安静、内向的人和活泼外向的人选择的首饰类型会有明显的差别，因为他们想在人前呈现出的是完全不同的两种气质。

1. 全身珠光宝气的人缺乏自信

有的人喜欢佩戴闪耀光芒且引人注目的首饰，或比一般更大的首饰，任何人看了都会觉得似乎非常贵重。这类人通常自认为富有，并且乐于向别人夸耀自己是属于上流社会的人。这种人十分重视经济方面的因素，会因为经济状况的改变而忧心忡忡，金钱可以使他们心绪安宁、带来安全感和满足感。其实，全身珠光宝气的人，恰恰是缺乏自信的人，需要借助华丽的首饰来增强自信，隐藏自己虚弱、胆怯的一面。

而那些完全不戴首饰的人，或是饰品非常简单朴实的人，通常对自己的想法与生活方式都非常坚定，不需要依赖首饰之类的饰品，呈现出来的也是原本的自我。虽然外表看起来有点保守拘谨，但他们不单单只是成熟稳重而已，内心也是非常坚强的。

2. 从首饰的偏好看性格

不同造型、质地的首饰带给人不同的感受，也是人们表现自我的途径，从一个人对首饰的偏好可以看出一个人的性格。

喜欢戴手镯的人，多数是精力充沛、很有朝气和活力的。他们多是比较聪明和有智慧的，并且有某一方面的特长。他们是有追求、有理想的一群人，在绝大多数时候知道自己想要什么，并且会主动追求自己想要的东西，即使在感到迷茫时也不会轻言放弃，而是在行动过程中进行探索。

讲究衣着，重视整体搭配的人，常常会戴一枚小小的胸针。这样的人是相当重视自己在他人心中的形象的。他们在为人处世方面处处小心谨慎，不会贸然地作出某种决定。他们有一定的疑心，不会轻易地相信某一个人，即使是对非常要好的朋友，也是有一定保留的。他们希望自己能够引起别人的注意，但又总是习惯于用谦虚的态度来掩饰这种心理。

喜欢佩戴体积大、坠多、灿烂醒目的首饰的人，多是爱表现自己，爱出风头的人。无论他们走到哪里，总会成为众人的焦点。他们比较热情，并且这种情绪还会传染给其他人。他们比较积极和乐观，爱幻想。

喜欢佩戴体积小、不太打眼的首饰的人，多为谦虚而又稳重的人。他们的内心多十分平静，在任何事情面前都能保持顺其自然的心态。他们一般不太希望引起他人的注意，随便自然一些反倒更好。

所选择的装饰品具有很浓厚的民族风格的人，一般来说个性是相当鲜明的，他们总是有自己独特的思维和见解。

3. 首饰暗示你希望别人注意的部位

首饰和服装都是身体语言的道具，但与服装不同的是，首饰是可有可无的装饰品。没有首饰并不要紧，如果添加首饰配件的话，则是希望增添魅力的表现。首饰具有吸引视线的作用，人们会将视线自然而然地落在对方佩戴有首饰的部位。佩戴首饰饰品的部位，通常是自己最喜欢的部位或是最珍惜的部位，不然就是最希望对方能看见的地方。

如果胸前佩戴着项链坠子，下意识的想法就是希望男人将目光放在自己胸前，如果想让人家注意耳朵就戴耳环，想让人家注意手部就戴上戒指。除非是比较亲密的关系，否则男性不可能直接盯着女性的身体看，但如果注视着饰物，就不会显得那么不自然。在这一类女性面前的男性，最好能称赞首饰，女性会因为对方注意到这些细节而感到高兴，俩人的关系一定也会拉近许多。

爱化浓妆的女人喜欢成为注目的焦点

化妆是一种提升自信的方式，人们通常会着重修饰自己不满意的部位，以此提升整体效果，例如眼睛较小的人会运用眼线笔和睫毛膏来修饰眼睛，让自己的眼睛显得更大更有神，眼神也会充满自信。然而，如果对脸上某一处特别精心修饰，化上醒目的妆，而其他地方基本不做修饰，例如特意凸显眼部，画上很重的眼线和眼影，戴上长长的假睫毛，或者特意凸显嘴部，整张脸上以嘴部的颜色最显眼。

喜欢化浓妆的人表现欲望非常强烈。经常化妆的人通常都很在意别人对自己的看法，总是希望把自己最好的一面呈现给他人，尽量隐藏自己的缺点，提升自己的外在形象，在人前总是保持精致的妆容，因此就不能接受素面朝天出门了。她们不辞辛苦地将各种化学药剂喷洒在自己的脸上，为的是用一种极端的方式吸引他人的目光，而异性的欣赏往往使她们心甜如蜜。前卫和开放是她们的思想特征，她们对一些大胆和偏激的行为保持赞赏的态度。她们真诚、热忱，一些恶意的指责并不会给她们造成多大的伤害，她们对他人依然会很尊重。

化妆感不平衡的人，一方面是对自己脸上某个部位缺乏自信，一方面是不会考虑整体的平衡感，而只把注意力放在自己关注的哪一个点上。与其说是为了给人留下更好的形象而化妆，还不如说是为了自己的需求而化妆。不仅是化妆，这样的人在生活和工作中也显得固执己见，听不进别人的意见，因而常常钻牛角尖。其他的化妆方式背后也有一定的心理原因。

1. 轻描淡写

有的人喜欢淡妆，这样的人大多没有太强的表现欲望，希望最好谁也别发现她们。她们只要求能过得去，简单地涂抹一下，使自己不至于太难看就行。她们大都属于聪明和智慧的类型，不会将时间和精力耗费在梳妆台前。往往有着自己的理想，而且敢打敢拼，所以大多能获得成功。

2. 素面朝天

唐代诗人李白诗云："清水出芙蓉，天然去雕饰。"出自大自然之手的美往往会给人一种耳目一新的感觉。无论是工作还是社交娱乐都很少化妆的女性，一般来说对自己的容貌有相当的自信，或者不十分在意别人的看法。如果是后者，则属于性格很内向的人，人际交往的圈子很小。当然也有可能是因为她在其他方面的特质足以弥补外貌的不足，性格随和而朋友众多，大家都喜欢和她在一起，而化不化妆已经不重要了，这样的人更愿意相信，别人喜欢她是因为她这个人本身有吸引力，而不是因为脸蛋漂亮，从而和那些花枝招展但缺乏内涵的女性区别开来。

3. 从小就开始化妆

有的人从小就开始化妆。这样的人会将自小养成的那套化妆理论和方法，并延续到成年，甚至中年和老年。其实这是一种怀旧心理在作祟，美好的过去让她们回味无穷，忘记现实中的烦恼和不如意，但她们依然保持头脑清醒，不会沉迷其中而忘记现实。她们讲究实际，会极力把握住现在的所有。她们热情善良，善解人意，拥有很多可以推心置腹的朋友。

4. 把大量时间都用在化妆上

有的人会把自己绝大部分时间都花费在化妆上，这样的人为了完成自己的目标不惜花费巨大代价，任何事情都追求尽善尽美，属于典型的完美主义者。她们倾尽所有也要使自己的容貌达到自己满意的程度，最主要的是她们对自己的才智和财力都有十足的把握，而唯一放心不下的是自己的外貌，为了成为一块无瑕美玉，只好不停地审视自己，用化妆来掩饰不足，结果却适得其反。

5. 主次分明

有的人在化妆的时候则特别着意某一处。这样的人通常对自己有相当清楚的认识，对自己的优点和缺点知道得一清二楚，善于扬长避短。她们对自己充满了信心，坚信付出就会有回报，所以会脚踏实地地为自己的目标而奋斗。她们讲究实际、注重现实，不会沉湎于虚无缥缈的幻想之中。她们遇事镇静沉着，对事情的判断坚决果断，但不能纵观全局的弱点往往使她们收获甚微。

6. 喜欢怪妆

有的人喜欢化怪妆。眼皮周围或是黑糊糊的，或是蓝盈盈的；嘴唇也是有时黑有时红，有时大嘴巴，有时小嘴巴；脸如猴屁股一样红。喜欢化如此怪妆的人把这种妆当成宣泄感情的一种方式。她们通常具有强烈的反抗心理，主要是自小受到家庭的溺爱，总是要求说一不二，但现实生活每每与她们的愿望相悖，所以用一些非常规的思想和行为与社会抗争，但往往是失败多于成功。

7. 注重眼部修饰

在女性化妆的过程中，眼睛一向是不可忽视的地点。如果女性非常注意眼部的修饰，则说明她们性情浪漫，因为眼睛是五官中最容易显露自己情感的。所以，她们对感情都非常投入，有时甚至不顾一切，即使对方不能接受自己也会表明心迹。她们自我意识很强，在感情中也容易一个人幻想，并情绪波动剧烈。

8. 重视唇部的修饰

如果女性重视唇部的保护，并喜欢使用口红等化妆品，则是想凸显自己的性感。因为加强嘴唇的形状，将让人感到充满魅力。在潜意识里，她们具有魅惑男性的意味，所以在恋爱中，她们一般是较为积极的一方，擅长发挥女性柔媚的特质，懂得掌控异性的策略。不过，她们对喜欢和不喜欢的人态度非常鲜明，对前者会运用一切方法吸引过来，对后者则不屑一顾。

9. 注重肌肤的基础护理

能做到每日进行彻底的基础护理，拥有水嫩肌肤的女性，一般给人年轻和纯净的感觉。就像她们会仔细护理肌肤一样，对待爱情具有很强的正义感，一旦付出就一心一意，并厌恶所谓的花花公子。不过，这类女性专一并具有强烈的独占欲，有时会对男友身边的年轻同性产生极强的妒忌心和厌恶感，给男友造成强烈的束缚感。

从唇彩的颜色看女性的性格和职业

中国有句古话："女人心，海底针。"这句话蕴涵的意思非常深刻，即女人的心理是很难猜测的。但是，近来心理学家通过"投射"方式发现，很多女性总会无意识地将自己的心理特征"投射"在自己的日常生活用品中，尤其是一些化妆品上。

就拿唇彩来说，现在全世界几乎有一半的女性每天都会用唇彩。对那些习惯于每天用唇彩的女性来说，如果哪一天忽然不让她们用唇彩，她们就会感到如同没穿好衣服一样别扭。唇彩作为女性增添自己魅力的手段之一，其颜色种类可谓是五花八门，既有红色、粉色、橙色，还有珍珠色、褐色、紫色等。通过观察一个女性对唇彩颜色的喜好，往往就能知晓她的性格特征和职业。

1. 红色唇彩

红色会使女性的嘴唇显得更为突出。所以，如果一个女性喜欢红色的唇彩，则说明其性格外向、活泼好动、乐观、崇尚自由、具有独立的个性。她的社交能力非常的强，对人真诚有礼，喜欢与人分享美好的事物，因而其人际关系处理得非常好，朋友很多。通常情况下，涂有这种唇彩的女性往往是从事销售、公关，或是美容、美发等行业。

2. 粉色唇彩

粉红是一种代表纯情和女性本色美的颜色。所以，很多女孩和男孩第一次约会时最喜欢使用此种颜色的唇彩。通常情况下，如果一个女性喜欢使用此种颜色的唇彩，则说明其性格较为温柔、和善、思想较为单纯、富有同情心和爱心。但是她的心理承受能力较弱，在挫折和失败面前常常会表现出很委屈、很受伤的样子。她很信任爱情，对恋爱抱有很大的期待。虽然她平时表现得温柔贤淑，但一旦知道冒险的乐趣，很可能会发生大胆的变化。在与人交往时，她可能显得有点矜持，但其内心却是火热的。你一旦成为她的朋友，往往会得到她无微不至的关怀。一般来说，涂着这种颜色唇彩的女性往往从事教师、医生等行业。

3. 橙色唇彩

橙色往往能给人亲切、温柔、温馨的感觉。所以，喜欢这种颜色唇彩的女性，其性格较为稳重、和蔼，具有较强的自我控制能力和判断力，无论是对人还是对事，都有自己的观点和看法，从不会人云亦云。她的口才较好，但不会强词夺理，喜欢以理服人，同时，她还具有较强的幽默感。在爱情方面，她往往愿意为对方付出自己的一切，是典型的贤妻良母型女性，她坚信“爱情的眼里容不得半粒沙子”。一旦恋人背叛了自己，她极有可能会报复对方。不过，她对朋友是非常坦荡和大度的，如果朋友不小心伤害了她，她往往会一笑而过。所以，她的人缘很是不错。通常情况下，涂着这种颜色唇彩的女性往往从事各种商业活动，如一些店铺的老板，或是大公司的高级职员。

4. 珍珠色唇彩

珍珠色是一种代表纯洁、高洁的颜色。喜欢珍珠色唇彩的女性，其性格文静、庄重，聪颖谨慎，心思细腻且喜欢追求完美。她具有较强的个性，自我主张非常明确，从不掩饰自己的追求和欲望，喜欢自由地享受生活。一旦她确定了自己的追求目标，她就会全力以赴，从不会在乎别人的眼光。在爱情方面，不喜欢受到对方的约束，要求对方尊重自己的个人空间。在与人交往时，她也不喜欢别人干预自己的事情，同时她也不会干预对方的事。通常情况下，涂着这种颜色唇彩的女性往往是一些自由职业者。

5. 紫色唇彩

紫色是一种代表高贵和典雅的颜色。喜欢紫色唇彩的女性，其性格较为外向，具有较强的表现欲望和优越感，虽然喜欢在别人面前展示自己的魅力，但从不虚伪。有些时候，她们很爱幻想，喜欢追求不平凡的生活方式。在与人交往时，她往往会给人，尤其是给男性一种高高在上、难以接近、不易被诱惑的感觉，但她恰恰具有让男性痴迷的不可思议的魅力和个性。通常情况下，涂着这种颜色唇彩的女性往往从事音乐、艺术等行业。

可见，一个女人对唇彩的喜好，往往可以透露出她的性格特征和职业特点。

从发丝中读懂对方的心理

从发丝中也能读懂对方的心思吗？有些人可能会惊讶得不

敢相信，然而事实就是如此，下面就让我们先从男人的毛发分析起吧。头发和胡须连在了一起，且又浓又粗，这样的男性，给人的第一感觉往往是剽悍、强壮。一般来讲，这些认识都是不错的。但是，在有些场合，他们还显得比较鲁莽，性格豪放不羁，有侠义心肠，喜欢多管闲事好打不平，多不拘于小节。

头发稀疏，粗硬而卷曲。这样的人，多思维比较敏捷，而且善于思考，并有很好的口才，能够很容易地说服别人。他们的性格弹性比较大，可以说得上是能屈能伸，适应性很好。他们善于把立场的坚定性和策略的灵活性完美地结合起来。

头发浓密柔软，自然下垂。这一类型的人，大多性格比较内向，话语不多，善于思考。从某种程度上说，他们的生存能力比较强，许多环境都能适应自如，这一类型人所从事的事业多是和艺术方面有关的。

头发自然向内卷曲，如烫过一样。这样的人性格大多不稳定，而且脾气大多比较暴躁，而且疑心比较重，总是患得患失的，在犹豫和矛盾中挣扎，除此之外，嫉妒心还很重。

发根卷曲，发梢平直。这样的人大多喜欢比较自由地行动，厌恶被人约束和限制，不会轻易向他人妥协。

让自然来决定自己的发型，并且长时间保持，这样的人大多总是怨天尤人，但却从来不从自己身上寻找原因，更不会付诸行动去寻求改变。一般来说，我们很难弄懂他们的真实想法，因为在很多时候他们都会向别人妥协。

头发长长的，直直的，看起来显得非常飘逸和流畅。这种人的性格大多界于传统与现代之间，他们既含蕴世故，又大胆前卫，只是要视情况而定。他们大多非常自信，而且渴望成功，会为自己的理想不懈奋斗。

头发很短，这样看起来很简洁，而且也极为方便。这样的人，大多有勃勃的野心，他们的生活总是被各种各样的事情占据着。他们在内心很想把这些事情做好，但实际上却往往什么也做不好。他们责任感不强，在面临困难的时候容易退缩。

热衷于波浪形烫发的人，说明他们对流行是比较敏感的，他们大多很在乎自己外在的形象，并且知道怎样才能使自己的外在形象达到最佳的效果。他们积极主导自己的生活，能够应对各种变化。

喜欢蓬松及前端梳得很高的发型。这样的人比较保守，而且还有点固执或者也可以说是执着。一旦他们遇到自己喜欢的东西或是认准了某一件事物，在绝大多数的情况下，不会轻易地改变自己的想法及观念。

故意把发型弄得很怪。这样的人，表现欲望很强烈，他们希望自己能够吸引更多的目光，他们经常不考虑他人的心情和感受，有什么话就说什么话。他们对任何一件事情都有自己独特的见解和认识，并且会始终坚持着自己的立场。他们绝对是那种敢于拍案而起的人。

喜欢剪平头的人。大多男子汉的味道更浓一些，他们讨厌娘娘腔十足的人，而对很有硬气的人十分有好感。从表面上看，这样的人从来都不会给你留下温柔的印象，但实际上他们也有自己温柔的一面，而且他们比较细心。他们的思想从一定程度上来说还是相对比较保守和传统的，他们也很在乎自己在他人面前的表现。

喜欢剃光头的人。多是努力在营造一种能够让人产生误解的想法。这样的人非常希望给人留下一种神秘感，让人猜不透他们心里在想些什么。

男士不管是留长发、剃光头，或是其他各种各样比较特别的发型，其都有一个普遍的共同点，那就是标新立异，想别出心裁地突出自己，增加自身的魅力。

与男士相比，女士的发型若要研究分析起来，则要复杂得多。若留着飘逸的披肩发，则说她比较清纯、浪漫；若留的是齐眉的短发，则显得天真活泼，无忧无虑；烫成满头卷发，代表这个人较有青春的活力，充满野性。

把头发梳得很短，并让它保持顺其自然的状态。说明这个人比较安分守己，甚至是封闭保守的；如果她把头发梳理得很整齐，但并不追求某种流行的款式，则表明这可能是比较含蓄，但自主意识较强的一个人；在自己的发型上投入很多的精力，力争达到完美的程度，说明这是一个自尊心比较强，追求完美，爱挑剔的人。

头发像钢丝，又粗又硬，而且还很浓密。这样的人疑心较重，不会轻而易举地相信别人。他们最相信的就是自己，所以凡事都要亲力亲为，才觉得放心。他们做事很有魄力，而且组织能力也比较强，具有一定的领导才能。这一类型的人，理性的成分要大大地多于感性，所以涉及感情方面的问题时，往往显得外行。

头发很粗，但色泽淡，而且质地坚硬，很稀疏。这一类型的人自我意识极强，刚愎自用，很难听取别人的意见和建议。他们不甘心被人领导，渴望能够驾驭别人。他们多比较自私，缺乏容人的度量，但这一类型的人一般来说，头脑还算比较聪明，可是他们的目光又比较短浅和狭窄，所以不会有多大的成就。

头发柔软，而稀疏。这一类型的人，自我表现欲望一般来说比较强，他们喜欢出风头，更爱与人争辩，以吸引他人的目光，获得他人的关注。在他们的性格中，自负的成分占了很多，他们自以为是，很少把他人放在眼里，尽管自己比他人做得更糟糕。他们做事的时候，多缺少必要的思考，所以常会作出错误的判断，而且还容易疏忽和健忘。

头发浓密粗硬，但自然下垂。这种人从外形上来看，多半身体比较胖，而且也显得比较慵懒，不喜欢活动，但他们心思缜密，往往能察觉到一般人发现不了的细节。他们的感情比较丰富，易动情，对情感不专一。

总之，透过一个人的发型、发质，我们往往可以读懂他的内心。

不同的发型，不同的性格

发型是一个人表现自己最直接的形式，俗话说“一发二妆三服装”，同样一个人，可能因为变换了不同的发型而给人以完全不同的感觉，尤其对于女性来说，可以从对不同发型的偏好了解一个人的性格特征。通常，女人的青春和性感都和头发的长短有联系，而要不要留长发的决定，就意味着不同的含义了。

一般而言，长发的女人偏爱回忆，习惯于静态思维，行为被动，容易放弃自我，做事仔细，性别意识较强；短发者追寻新鲜感，注意力分散，情绪更易改变，处世主动，我行我素，较为粗犷，性别意识淡化。长发者较依赖别人，留恋过去；短发者相对较独立，面向未来。长发的女性通常看起来温柔、端庄，态度谨慎，但令人意外的是她的内心坚强，对自身与周围的人际关系能冷静判断，很懂得自我约束。

喜欢用长发盖住耳朵的人，有喜欢孤独的倾向。长发可以遮住脸的一部分，而且可以盖住接受外界信息的入口——耳朵，仿佛不愿意听见别人说话，只想躲在自己的世界里不受外界干扰。比起跟人交际来往，她们更喜欢自己独处。

一头乌黑秀丽的长发是青春活力的表现，很多女性在进入中年之后就会逐渐把头发剪短，而有的女性却始终留着长及腰部的长发，她们通常很在意别人的眼光，内心拒绝自己变老，不愿接受自己的年纪，因而一直保留少女般的长发。

喜爱留短发的女性通常对自己的容貌比较有自信，因为长发具有修饰脸型的作用，而短发会让整个脸孔显现在别人眼前，短发的人通常也比较开朗活泼、个性直爽，很少有多愁善感的时候。

具体来说，一头精心修剪的时髦短发通常代表与众不同的个性和经济上的宽裕。短发常常比长发更难打理，需要更多的时间和金钱来保持完美的效果。因此，留着一头时髦短发的女性是非常注重外表的人，而且想要表现自己与众不同的一面。

留着普通短发的女性则通常具有务实的个性。她们不想花太多时间来打理头发，不想把早上宝贵的时间浪费在梳妆打扮上，比起外表的修饰，她们更看重能力的培养。当然，在对留短发的女性进行判断时要排除对方正在接受手术或在复原中的情况。

一个人心情愉快时总是很乐意打理自己，如果一个平日里衣冠整洁的朋友突然头发散乱、很不清爽，一定是发生了什么事情，这时你就应该多关心一下他了。

戴戒指的习好凸现本人的情感

喜欢在某根手指上戴两个戒指的人，往往具有保守与进步的思想态度，很多时候他也想去追逐潮流，但又很难摆脱心底的犹豫，因而其内心常常处于一种进退两难的矛盾状态之中。尤其是那些喜欢在小指上戴两个戒指的女性，常有着非常强烈的好奇心。很多时候，她们内心虽然非常渴望受到男性的邀约，而一旦受到男性的邀请时，却又没有了赴约的勇气。此外，这类女性对金钱也有着非常强烈的渴望，不喜欢平淡无味的生活。

喜欢同时戴好几个戒指的人，表明他（她）此时正身陷物质、精神等困惑之中。很多时候，此种类型人的价值观会迷失在滚滚红尘之中，因而到最后，他（她）不过是庸俗、平淡、繁琐的代表。另外，此种人表面看来是在物质、精神等困惑中左右挣扎，实则是在寻求一种最佳的自我保护方式，所以他（她）是相当会保护自己的。

喜欢戴小戒指的人，个性较为积极，有比较丰富的想象力和创造力，但是他（她）的这些想象和创造力多不适应生活，尽管他（她）们常怀着非常迫切的心情想向他人说明自己的想法。他们也非常清楚如何出风头，也从不担心自己的外在表现是否太过刺眼或是强烈，因为他们奉行“我快乐，我表现”的简单原则。

喜欢戴大戒指的人，尤其是喜欢将其戴在中指上的女性，也有着较为强烈的表现欲望，她们生性较为活泼，作风大胆，喜欢与人交流。与此同时，此类女性也非常敏感，一旦遇到某些刺激，哪怕是非常小的刺激，很容易陷入歇斯底里的状态之中。由于她们具有较强的自尊心，所以，一般不会轻易接受异性的邀请。

一个人戴的结婚戒指越大、越华丽，则表明此人越想向别人宣布他（她）的婚姻状况，同时也表明此种人的表现欲望越强烈。同样的，一个人手上的结婚戒指戴得越紧，则表明他（她）对自己婚姻的忠诚度越高。反之，如果一个人经常将自己的结婚戒指从自己的指头上取下来玩耍，或是拿在手里呆呆地看着，这就表明此人对自己的婚姻状况有所质疑。

如果一个人喜欢戴红宝石或红碧玺颜色的戒指，则说明其性格外向，热情似火；如果一个人喜欢戴粉红钻或粉红色珊瑚颜色的戒指，则说明此人的感情较为细腻，且颇具浪漫情怀；如果一个人喜欢戴祖母绿或土耳其石颜色的戒指，则说明其比较敏感，感情也较为纤弱；如果一个人喜欢戴蓝宝石或海水蓝颜色的戒指，则说明其性格较为内向，情感表现较为冷淡。

一般来说，那些喜欢戴纪念戒指的人，往往缺乏归属感，所以他们企图通过以戴纪念戒指的方式，使自己的心灵与纪念对象保持一种联系，以此获得心灵的慰藉。

不同的首饰，不同的内心

在日常生活中，每个人都有自己喜欢的饰品，尤其是女性，如果身上没有几件饰品，简直是不可能的。如果在生活中你是一个有心人，便会发现你周围大多数的人会因为自己脸型、身材、性格、气质的不同而佩戴具有不同风格倾向的饰品，正是因为如此，才使得饰品也变得性格化了。因此，一个人喜欢佩带怎样的饰品，可以看出这个人具有怎样的性格。

比如，有很多喜欢戴金首饰。他们很喜欢这些金光闪闪的金首饰，会在身上戴满了金戒指、金耳环、金手镯、金项链等，这样的人，往往是很有自信心的。他们认为自己佩戴金饰品很漂亮，也只有金首饰才能配得上自己，所以很有自信。而且，他们的性格很外向，为人开朗、率真并对人友善。因此，他们有很好的人缘，大家也喜欢和他们交往。值得注意的是，如果只戴少许金首饰的人，比如只有一对耳环、一条项链，或只是一块金表，说明他们有很高的品位，而且性格不是太外向，是注意约束自己，而不是态度随便的人。

有的人喜欢佩戴银首饰。喜欢戴银首饰的是注重秩序的，他们做事喜欢先制订计划，然后按照事先制订好的规则来进行。尤其是每天的例行工作，都要按照固有的顺序进行，而不喜欢发生突然的情况。如果突然发生什么计划外的情况，会使他们的情绪受到干扰。

有人会佩戴假首饰。也许他们没有很多钱买真品，但是他们会在身上戴成串的红宝石、绿翡翠等赝品。这种人把自己的外貌放在非常重要的地位，也可能在生活上要求甚高。虽然他们没有钱买真正的首饰，但他们能够用赝品来打扮自己。而且，他们喜爱精品，不管材质如何，只要是精美的东西就喜欢。他们比较容易满足，所以会过得比较快乐。

有人喜欢艺术品首饰。他们喜欢买手工做的首饰，或是自制的饰物，这样每件都是与众不同的。这类人是有创造性的人，而且很有个性，不喜欢和别人雷同。如果他们向文艺或戏剧方面发展或从事建筑工作，容易取得成就。

有人喜欢佩戴宗教饰物，比如戴一个小十字架或其他有宗教意味的小饰物。他们这样做有深切的内在力量，对自己的素质引以为荣。这样的人是实际的，绝无花架子，不希望有炫耀成分的饰物在身上，更不戴假首饰。

有人喜欢佩戴显眼的首饰，比如大耳环、大块的胸饰、大颗的彩色宝石等，大多是无忧无虑的人，很有幽默感。而且，他们喜欢在众人当中突出自己，受人欢迎，也乐于助人。而有人刚好相反，任何首饰也不戴。他们并不在乎别人满身珠宝，也不羡慕那些人。这种人很实际，并不准备在他人心目中建立自己的印象。他们也很注意自己的内在，并不留心外表，而不是无钱购买首饰。

总之，不同的人喜欢佩戴不同的首饰，通过观察他们喜欢什么类型的首饰，也可以判断出他们的性格。

通过佩戴项链的款式推断人的性格

颈部是表现一个人自尊心的部分，而戴在此部位的饰物就是项链，因此，可从项链得知一个人自尊心的强度。在现实生活中，我们常常会看见一些人佩戴项链，在这些人中，有男性也有女性，他们戴项链，不仅是在说明自己的自信心程度，还是想在打扮上借助饰物来使自己看起来更有个性、更洒脱、更美丽。所以，看一个佩戴什么样的项链，也可以推断出这个人的性格。

有的人选择佩戴简单的项链。这种人的感情世界非常丰富。这种人心地善良，看到需要帮助的人，总是尽力去帮助，就算是自己帮助不了，也会为这些人、事感到伤心、难过，有的时候甚至肯自我牺牲。这种人的性格也很温柔，脾气很好，很少因为什么事而动怒。她们也喜欢浪漫，并且富有直觉性和艺术性。而且，虽然她们有很高的自尊心，却不会将它表现于外。不过，她们的性格不稳定，意志也不坚定，常受旁人左右而不易作出正确的判断。另外，她们也非常聪明，很有能力也很有自信，她们知道，即使自己不打扮，也是漂亮的，所以她们才喜欢戴样式简单、价值昂贵的项链。

有的人喜欢佩戴价值昂贵且式样华丽的项链。这种人性情孤傲，不喜欢和外人多打交道，自强自立，追求独立的生活，不屑于和任何人交往。她们还过分自信，认为自己是最优秀的，眼睛里很难容下别人。她们的自尊心也过强，很容易因为受到伤害而崩溃。并且，她们对男性会采取高压的态度，即便是很喜欢她们的男性，也很难和她们长久地生活。

有的人喜欢佩戴心形项链。这种人性格温和，憨厚老实。他们也比较保守，并且不论在哪方面都不善于表现自己。即便是恋爱时，他们也是属于热情内敛型。不过，一旦和他们深入交往，就会发现他们的可爱。这样的人，喜欢可信赖的异性。

有的人喜欢戴粗的黄金项链。这种人性格外向，比较开朗。他们重物质享受，对金钱或物质有着强烈的欲求，不在乎别人说自己拜金。他们的感情的起伏很激烈，一旦自尊心受到伤害，就会转而攻击对方。而且，不论男女，恋爱时也会提出很高的条件。和喜欢戴粗的黄金项链的人相似，有的人喜欢佩戴好几条项链串在一起。这种人的性格也比较外向，并且自信而乐观。他们也是过分注重外表，追求物质生活，有强烈的金钱欲望。不过，他们还有强烈的自我显示欲，可是多半的情形是自己的魅力不受周围人的理解，因此，处于欲求不满的状态中，牢骚满腹。

总之，不同的人喜欢佩戴不同的项链，通过观察人们佩戴的项链，可以发现他们各自都有怎样的性格。

提包的样式反映一个人的心理特点

提包在人们的工作、生活和学习中是非常重要的一件物品，很多时候它几乎与人形影不离，人走到哪里，它们也随之被带到哪里。正是因为提包具有如此重要的作用，所以，它们在一定程度上可以向外界表达一定的信息，让外界通过提包来认识提包的主人。

提包的颜色是最明显的特征，目前提包的颜色以黑色、棕色居多，是大众普遍能够接受的颜色。不论男性还是女性，所选择的提包颜色越接近黑色，性格上就越偏向外向开朗，乐于与人接触，在同事和朋友圈中都会比较合群。

相反，喜欢背浅色包的人，内心非常希望自己是与众不同的，他们给人的感觉有点冷漠、很难接近。提包的颜色越接近白色，这种冷漠的气质就越明显。白色给人以高贵、完美无瑕之感，在一片黑色、棕色的提包中总是非常醒目，并且，白色的提包很难维持清洁，用白色提包的人看起来生活优裕、不像是为生活所累的人。他们也带有一点完美主义的倾向，挑剔和讲原则。与这样的人相处，要记得多多夸赞他们的独特品位。

提包的样式也是了解人心的途径之一，特别是女士提包款式众多，对不同款式的偏好更能反映出一个人的心理特点。

1. 口袋式的大包

这种提包可以容纳较多的东西，雨伞、眼镜盒、指甲刀、创可贴等日常生活可能用到的东西都可以放在里面，可见提包的主人对于可能发生的意外状况十分谨慎，喜欢做好万全的准备。有时他们不仅是为自己准备这些东西，同样考虑到其他人可能发生一些小状况，反映出他们关心他人、为人体贴热情的一面。

然而这种包因为只有一个口袋，因此包里的东西都混在一起，没有一点规则，要找一件东西常常需要很久。可见喜欢这种提包的人做事多比较模糊，目的性也不是很明确，但对人通常都比较热情和亲切。

2. 层次分明的小包

这种包虽然体积不算大，但是层次分明，区隔成若干个大小不同的口袋，方便分别放置不同的物品，想要什么伸手就可以拿到。这说明提包的主人是一个很有原则性的人，他们大多具有很强的进取心，办事认真可靠，待人也很有礼貌。一般说来，这一类型的人有很强的自信心，组织能力突出。但缺点是他们大多比较严肃、呆板，会过多地拘泥于生活中的某些细节。

3. 方形提包

方形提包有棱有角，因此体积通常比较小，使用起来不是很方便，装饰价值大过使用价值。喜欢这种提包的人通常是爱冒险、爱时髦的年轻人，追求标新立异，不喜欢和大家一样。他们对于其他物品的选择通常也是重视美观和独特甚于物品本身的实用性。

还有一些人出门不喜欢背包，直接把钱包、手机等物品塞在口袋里，因此他们身上从不会带不相关的、用不上的东西，凡事以目标为导向，做事很有效率，对物品的选择上注重实用性。不喜欢带包的女性通常不愿意把时间花在工作以外的事情上，她们看重结果和成就，而对生活细节不是特别重视。

戴帽：欲盖弥彰的遮掩

帽子不仅有御寒、遮阳的功能，它还是一种戴着美观、给人树立某种形象的东西。世界各地都在生产各式各样的帽子，出入任何一家娱乐场所、大型酒楼餐馆，都会看到衣帽间，这说明帽子对于一个人来说，有着十分重要的用途，它可以帮人建立某种形象，使人的个性在众人面前得以展现。

1. 爱戴礼帽的人

戴礼帽的人都认为自己稳重而具有绅士风度。这种人的愿望是让人觉得他有沉稳和成熟的性格，在别人面前，经常表现得非常热爱传统。除帽子外，这种人所穿的皮鞋任何时候都擦得锃亮，而且所穿的袜子也一定会给人以厚实的感觉，即使是炎热的夏季，他也会拒绝穿丝袜，同时也讨厌穿着凉鞋或拖鞋走路。他们看不惯很多东西，很清高，有些自命不凡，认为自己是个干大事的人，进入任何一个行业都应该是主管级的人物。

2. 爱戴旅游帽的人

旅游帽既不能御寒也不能抵挡太阳的照射，纯粹是作为装饰之用。这类人用旅游帽来装扮自己，以折射某种气质或形象；或者用来掩饰一些自己认为不理想或者有缺陷的东西。

3. 爱戴鸭舌帽的人

一般上点年纪的人才戴鸭舌帽，鸭舌帽表现出稳重、办事踏实的形象。如果男人戴这种帽子，那么他会认为自己是个客观的人，从不虚荣，面对问题时，能从大局着想，不会因为一些旁枝末节而影响大局。有时候他自以为是个老练的人，在与别人交往时，就算对方胸无城府，他还是喜欢与别人兜圈子，直到把对方搞得晕头转向，也不说出自己的心思。

4. 爱戴彩色帽子的人

爱戴彩色帽子的人非常清楚在不同的场合，不同颜色的服装，应该佩戴不同色彩的帽子，说明他是个天生会搭配且衣着入时的人。

这种人喜欢色彩鲜艳的东西，对时下流行的东西非常敏锐。每当出现新鲜玩意儿，他总是最先尝试，希望人家说他的生活过得多姿多彩，懂得享受快乐人生，并且总是以弄潮儿的身份走在时代前列。

这种类型的人也是害怕寂寞的人，因为他精力旺盛、朝气蓬勃，那颗不甘寂寞的心总是使他躁动不安，他会经常邀请伙伴们一起到灯红酒绿之地尽情玩耍。当最后一支舞跳完后，曲终人散的那种寂寞滋味会油然而生。

5. 爱戴圆顶毡帽的人

爱戴圆顶毡帽的人对任何事情都可能产生兴趣，但从不表达自己的看法，即使有看法也是附和别人的论点，好像自己没有什么主见似的。

但他并不是真的没有主张，只不过是个老好人，不愿随便得罪一个人，哪怕是个最不起眼的人。

从本质上讲，这种类型的人是个忠实肯干的人，他相信只有付出才有收获。在他平和的外表下有自己执着的观点，他相当痛恨不劳而获的人，相信君子爱财取之有道，对不义之财，他从来不让它玷污自己的手指。

从手表样式看时间观念

“一寸光阴一寸金，寸金难买寸光阴。”这是在说时间的宝贵，时间在不知不觉中悄无声息地流逝，不同的人对此会有不同的感受。有的人视若无睹，而有的人则表示深深的惋惜，然后，抓紧利用每一分钟去做一些有意义的事情。一个人对待时间的看法，很大程度上是由人的性格决定的，而时间对人具有什么样的影响，很多时候又能通过所戴的手表传达出来。这两者之间有着非同一般的关系。

1. 喜欢戴电子表的人

有一种新型的电子表，只要按一下显示时间的键，就会出现红色的数字，如果不按，则表面上一片漆黑，什么也看不见。喜欢戴这一类型手表的人多是有些特别之处的。他们独立意识非常强烈，从来不希望受到他人的控制和约束，而是自由自在，无拘无束地去做自己想做并且也愿意去做的事情。

2. 喜欢戴闹钟型手表的人

喜欢戴闹钟型手表的人，大多对自己要求特别严格，总是把神经绷得很紧，一刻也不放松。这一类型的人虽算不上传统和保守，但他们习惯于按一定的规律和规定办事，他们在争取成功的过程中，任何一件事都是以相当直接而又有计划的方式完成的。他们非常有责任心，有时候会在这方面刻意地培养和锻炼自己。

3. 喜欢戴具有几个时区手表的人

戴具有几个时区手表的人多是有些不现实的。他们有一定的聪明和智慧，但一切都止于想象而已，不会努力付诸实践。做事常三心二意，这山望着那山高。在一些责任面前，常以逃避现实的方式面对。

4. 喜欢怀表的人

喜欢怀表的人，多对时间具有很好的控制能力，虽然他们每天的生活都是忙忙碌碌的，但是却并不是时间的奴隶，而懂得如何在有限的时间里让自己放松并且寻找快乐。他们善于把握和控制自己，适应能力非常强，能够很好地调整自己的心态。他们多有比较强的怀旧心理，乐于收集一些过去的东西。他们言谈举止高雅，有一定的文化修养。他们有比较浓厚的浪漫思想，常会制造一些出人意料的惊喜。他们为人处世具有耐心，很看重人与人之间的感情。

5. 喜欢戴没有数字的表的人

戴没有数字的表，这一类型的人抽象化的理念较为强烈，他们擅长于观念的表达，而不希望什么事情都说得十分明白。他们很在意对一个人智力的锻炼和考验，认为把一切都说得太明白就没有任何意义了。他们很喜欢玩益智游戏，而且他们本身就是相当聪明和智慧的。他们对一切实际的事物似乎并不是特别在乎。

6. 不戴手表的人

不戴手表的人，大多有比较独立自主的性格，他们不会轻而易举地被他人支配，而只喜欢做自己想做并且也愿意去做的事情。他们的随机应变能力比较强，能够及时地想出应对的策略，而且非常乐于与人结识和交往。

从袜子的选择推测女人的为人处世

袜子是在平常不过的日常配饰了，尤其是对于女人来说，选择一双适合自己的袜子会让自己的形象瞬间提升，心理专家分析，从袜子中也能看出一个女人为人处世的原则。

1. 裤袜

这是绝大多数女性的选择。这种女性跟着潮流走，紧抓住时尚的手，但在衣着及生活习惯方面，她不会有反传统的举止。她们的家庭观念相当重，在可能的范围之内，她们会尽力支持家人。虽然并非有回报上的因果关系，但在另一方面，她们也需要男人的爱护。

这种类型的女性重视人际关系，常常给人彬彬有礼，谈吐得体的印象。她深知若要人敬己，先要己敬人的道理。她们的情绪波动并不是太大，因此一般人觉得与她们相处并不困难。但她们对生活的投入往往因为生计关系，而并非是对生活的热爱。

2. 带袜

这种类型的女性希望给人留下更性感、更有女人味的印象。她们不甘心做个平凡的女人，希望自己与众不同。她们的朋友大多是时尚的弄潮儿，跟她们走在一起，她们希望自己成为旁人注目的对象。

写字楼的工作会令这一类型的女性闷得发疯，因此除非环境所逼，否则她们宁愿在街边摆摊卖大饼。在事业方面，她们经常有些新颖、富于创意的念头，但由于她们缺乏坚定的立场，做事没有耐心，所以成就不大。

虽然她们的家人算得上是思想开放，但是家人仍然不能完全接受她们对朋友的门户开放与远嫁大洋彼岸，因此与家人之间有时不免出现冲突。其实只要她们肯在家人面前改变发表方式，自然就会天下太平。

做个特殊的女人固然有趣，但真理向前一步就是谬误，切忌矫枉过正，否则很容易成为众人排挤的对象。

3. 短丝袜

短丝袜，即只有一般丝袜的 3/4 的长度。这一类型的人贪图舒服方便，明知穿着裙子坐下的时候，人家会看见丝袜的尽头，但她拒绝对别人的雅俗评价作任何反应。

这一类型的人自认为的执着常被人们看做固执，但她们会认为自己只不过是坚持原则而已，她们尚未觉察的是自己已生活在原则之中。她们曾经多次被人批评说难以相处，但自己并没有好好地去反省一下，反而将责任旁置。她们的解释是：这些人根本不懂得欣赏。

4. 平价丝袜

5元一捆，便宜货。这种类型的女性喜欢求新，重量不重质。选择职业时，她们会首先考虑薪水的问题，然后，才会考虑兴趣与发展空间等问题。

而在婚姻问题上，她们的态度也差不多。她们不想过了30岁仍然独守空房，所以她们在交朋友的第一次握手时，往往就在有目的地培养夫妻感情。而且，她们很重视未来配偶是否有良好的经济基础。其实，做人现实一些无可厚非，但有时生活也需要浪漫来点缀一下。

5. 名贵丝袜

此类人注重物质享受，认为人一世、物一时，为何要亏待自己呢？不过，她们对自己慷慨，并不代表她们对他人不吝啬。

她们选择的朋友是些非富即贵的人，同时她们也是“门当户对”这个原则的忠实维护者。在生活中她希望她们的付出能得到相应的回报。

6. 带色丝袜

主要是指红、绿、紫、黄、蓝等颜色的丝袜。此类人希望衣服和丝袜的颜色相映生辉，因为她们是个极端注重本身仪容的人。

在选择职业方面，她们可以考虑公共关系之类的工作，因为她们的适应能力颇强，可以在大多数的社交圈子中如鱼得水。

有些朋友会觉得她们虚伪，因为她们很少讲出内心的感受，还有意无意之间避免与人有过度密切的沟通。

7. **暗花丝袜**

这种类型的人不想只做普通的一员，但又害怕过分标新立异，被异样的眼光特别关注，因此她们尝试在平凡中突出自己。

她们最喜欢选购的衣服是那种裁剪简单，但一眼就看得出是价钱非凡的名牌货。她们最讨厌暴发户，认为他们没有品味甚至不懂得如何花钱，以为价高的东西就是好货色，时常把自己打扮得庸俗不堪。

选择朋友的时候，她们注重他们的气质，如果他们像她们一样有艺术家的眼光，她们可能一见钟情，甚至当场拍板。

耳环：芳心的玲珑点缀

经过长期观察、研究，心理学家发现，不同性格的人对不同形状的耳环均有一种特别的喜好，这其实反映出人们希望借此寻求一种内心世界与外在美的和谐协调。例如，活泼好动的女性，通常会选择小巧、呈几何图案的感觉较明快耳环；而温顺柔和的女性，则青睐具有曲线美或流线型的耳环。

1. **圆形**

喜欢圆形款式耳环的女性比较传统，家庭观念强，有一定的依赖性，但比较知足，性格恬静，性情温和、亲切、平易近人，具强烈的责任心。

2. **椭圆形**

钟情于椭圆形款式耳环的女性，具较强的独立性和创造性，不论在生活还是在事业上，都显得与众不同，往往能得到上司的欣赏和重用。

3. **心形**

此类人性情细致，体贴入微，而且浪漫活泼，感情丰富，富于女人味。同时也热情大方，乐于助人，对爱情执着，有很强的社交能力。

4. 方形

此类人偏爱长方形或方形款式耳环的女性，生活严肃认真，做事井井有条，坦诚、坚强，具有很强的洞察力，理智行事，精力充沛。

5. 梨形

选择此款式耳环的女性，多为追求时尚的现代女性，容易接受新鲜事物，勇于探索，具有较强的适应能力。坦诚、外向，尊重他人。

6. 橄榄形

偏爱橄榄形款式耳环的女性具很强的事业心，大胆外向，喜欢接受挑战。具有独创性，喜欢标新立异、追求刺激，不易受人影响。

美国纽约的著名心理学家伊莉尼医生认为，通过女性佩戴的耳环不仅能看出她的爱好和眼光，还可以反映出她的性格。

1. 金耳环

戴金耳环的人，往往是颇有自信心、性格外向并对人友善的人。有欣赏好东西的口味，但性格不太外向，注意约束自己，不是态度随和的人。

2. 银耳环

喜欢戴银耳环的人是有秩序的人，做事喜欢按照事先制定好的规则，尤其是每天的例行工作。

3. 家传耳环

有些女性喜欢戴家传耳环、旧式耳环，而绝不戴现代新潮的耳环，这类人是热衷家庭、忠于家人的，对朋友也非常忠诚。

4. 显眼的耳环

喜欢戴很大、很显眼的耳环的人，大多是无忧无虑的人，很有幽默感，喜欢在众人中突出自己。受人欢迎，也乐于助人，能与人善处。

5. 艺术品耳环

有人喜欢买手工做的耳环，或是自制的耳环，每件都是与众不同的，这类人是有创造性的人，如果向文艺或戏剧方面发展或搞建筑工作，肯定会有成就。

6. 假耳环

耳朵上戴着成串的红宝石、绿翡翠，其实全是赝品，这种人对自己的外貌很重视，也可能生活上要求甚高，喜爱精品，哪怕是假的。

7. 不戴耳环

有些人不戴任何耳环，并不在乎别人满身珠宝。这种人很实际，她可能是个注意内在的人，并不留心外表，并非无钱购买耳环。

总之，不同的人对耳环的选择往往大不相同，这在某种程度上，也体现了她们的性格特点和内心世界。

第二章
如何识破谎言

第一节 揭开谎言的面纱

谎言，我们必须面对的事实

我们的大脑从接收到信息到指挥身体各个部位发出信息的刹那之间，经过了高速而缜密的思维过程，掌握语言中枢的新皮质大脑会根据不同的情况分析出最佳的对话策略，于是就出现了所谓的“口是心非”“言不由衷”等情况。如果有人宣称他这辈子从来没有撒过谎，想必任何人都不会相信。我们无法否认也无法拒绝我们生活在一个充满谎言的世界里这一事实，正如法国的沃尔纳格所说，人人生来都是纯真的，每个人死去时都是说谎者。的确，人人都会撒谎，撒谎可以说是人类天性的表露。

例如，一个年年都是“三好学生”的小学生为了获得一次和同学去郊外野餐的机会，他会理直气壮地告诉父母，周末的作业习题他都已经完成了，而事实上他才做了一半；一个刚毕业不久的大学生，虽然只进入了一家普通的公司，拿着微薄的薪水，为了不让家人担心，会夸口说他进了一家声名显赫的大公司，一个月的薪水有多少多少，而事实上他的薪水只有他说的一半。

心理学家告诉我们，说谎是人类区别于其他动物的重要特点之一，是人类社会生活中不可缺少的部分。有研究结果表明，大多数人平均每天会撒两次大谎，人与人的交谈中有三分之一的部分存在某种形式的谎话，但是，其中只有五分之一被人们察觉到了，有80%以上的人曾经为了获取工作或保住职位而说谎，对伴侣说谎的频率更是居高不下。

可见撒谎在我们的生活中比比皆是。甚至有位西方哲人说，社会就是由谎言组成的，人与人之间就是互相撒谎的关系。这句话当然有些偏激，但不可否认，撒谎的确是人类日常生活的一个组成部分。只要我们稍稍留意一下，就会发现在我们的生活中，随时随地都会听到各种各样的大大小小的谎言，其中有一些只是善意的欺骗，还有一些是恶意的谎言，会对我们造成伤害，因此我们必须学会如何面对谎言，从而有效地保护自己。虽然我们无法阻止别人说谎，但是我们可以学着永远不上当。

为什么会出现“口是心非”

大家普遍认为，口头语言是人际沟通的唯一途径，但许多人却忽略了口头语言并不是“百分之百”准确。在很多情况下，口头语言并不能将人们内心的真实想法，即所谓的“心口不一”，当然也包括了人际交往中常出现的“口是心非”。

我们已经知道，人体所有的行为都受到大脑的控制。不论是弯腰、挠痒，还是三级跳、后空翻，这些动作都是通过大脑掌控的。长久以来，在大多数人的印象中，我们每个人都只有一个大脑，实际上，在我们的大脑中，有三个截然不同的部分，或者说每个人其实有三个大脑，每个大脑都具有不同的特点和功能，它们合起来构成了完整的人脑，给人体的每个部位下达指令，这三个部分分别是脑干、边缘系统和大脑新皮层。

其中，边缘系统对人类的非语言行为起着重要的作用，它主管人类的情绪和感觉功能。其他哺乳类动物和人类一样也有“边缘系统”，这是大脑最古老的一部分，使得人类得以成为一个存活了数百万年的物种。边缘系统的主要功能是对我们的听觉、视觉、感觉和触觉作出反应。这些反应是即时的一瞬间的无须经过思考的；因此，它就能对环境作出最诚实的回应。

相比起来，“新皮层”则是人脑这一“宝库”的最新成员，掌管记忆、计算、分析、解析和直觉等高级思维活动，而这些能力的高级程度是人类这一物种独有的。由于它具备复杂的思维能力，所以这一部分的大脑和“边缘系统”不同，它并不总是老老实实的，相反，它会经常撒谎，是大脑构成的三个部分中最不可信的。当有个令人讨厌的人走过身边，老实的“边缘系统”可能会迫使人们做出斜视的动作，这是下意识的，而聪明的“新皮层”则很善于对真实的感受撒谎。掌控大脑语言运动中枢的“新皮层”也许会让我们在看到那个讨厌的人时，一脸笑容地说：“好久不见，真高兴再见到你。”尽管这话一听完全就是假的。由于“新皮层”擅长说谎，所以别指望能从它那得到既可靠、又准确的信息。

对于语言系统本身而言，这套符号系统若要传播人们内心的想法，首先要进行编码，把思想转换为语言符号。当信息传递给别人时，他人在领会意义时又要进行解码，也就是把语言符号重新转化为思想。但由于存在个人表达和他人理解的偏差，往往就容易让接受者在信息传输上产生与本意有异的现象。

语言并非天生，而是经过后天的学习才能掌握的技能。对于一项客观存在的技能，必然有人掌握得好，有人掌握得差。就像生活中，我们常会形容一些人口齿伶俐，而另一些人笨嘴拙舌，这个区别就来自他们对口头语言技能的掌握。当然，这并不能作为判断一个人聪明或愚蠢的标准，但往往容易让人产生误解。

人们刻意地歪曲了内心的真实想法，这就导致了谎言的产生。在很多情况下，人们在说话时，会出于一定目的地隐藏自己的本意。无论是基于什么原因，这些话都会对沟通和交流的效果大受影响，交流的时间被浪费，语言传递信息的作用被削弱。

现实生活中，也许你还没有意识到口头语言的局限，相信看到下文列举的场景后，你一定会觉得熟悉。

场景一：他接受你的观点了

你试图劝说一个顽固的人，虽然他表面上满口答应，但目光斜视地面，双手抱肩，一副十分犹豫的样子。实际上，他内心也正在抵触你的观点，甚至可能计划着明天依然照旧，绝不改变。与其继续浪费时间，你还不如早些结束劝说。

场景二：孩子的谎言

一些小朋友们因为犯了错误而害怕受到家长的惩罚，便向家长说谎。虽然他们言辞上没什么漏洞，但由于内心充满了不安与愧疚，往往会在脸色、小动作或睡眠方面表现出异常。而这些反常的变化，就是孩子不诚实理由的最好证据。

场景三：朋友在说真心话

同朋友去特卖场买衣服，当穿上自认为漂亮的衣服问对方时，对方可能说："不错，还可以，你喜欢就行。"仔细观察他的表情你可能会发现，他的鼻子和嘴像快挤到一起了，眉毛皱得都打了结。这些表情都说明他没有说真话，实际情况是——这身打扮在你身上真是糟糕透了。但为了避免伤害你的自尊和心情，你的朋友只能选择一种举动，那就是口头上赞扬，身体上抗拒。这个时候，如果不是很为难，你最好考虑换一身衣服。

场景四：你到底有多高兴

有时候，言语不能完整地表达出内心所想。例如，在我们长久梦想的事情实现时，当时的心情根本无法用词来表达。因为，内心的感触要远比这些能说出的词汇更加丰富。而那些快乐与幸福更将成为人们"只可意会，不可言传"的心灵感触。

综上可见，人们内心与语言的不一致相当普遍。所以，我们在洞察人心的时候，不能完全依靠语言这一途径。

谎话大王的四张面孔

虽说人人都会说谎，没有一个人敢声称自己是绝对清白的，但人们说谎的频率确实有所差别，的确有那么一些人，是可信度极低的谎话大王，对于他们所说的话一定要秉着“批判主义的精神”，当然，你也可以把他们当做你练习识破谎言技巧的最佳教材。

心理学家为我们总结出了最爱说谎的 4 种人：

1. 虚荣心重的人

生活中的很多谎言都是因为面子问题而产生的，虚荣心重的人最看重面子，这类人十分在乎他人对自己的评价，喜欢受到关注和赞美，不愿意别人看低自己，因为他们太注重外在的东西，而对个人的素质与气质疏于培养，但又渴望得到别人的喝彩，于是，他们凭内在的实力无法达到这种目的时，撒谎便成了他们使用的最便利的手段。这类人常常在不熟悉的朋友面前编造一些美好的谎言。例如自己的家庭背景有多好，身上戴的首饰值多少钱，甚至自己是哪所名牌大学毕业的。当然，这些谎言仅仅是为了满足个人的虚荣心，如果你识破了也大可不必揭穿它。

2. 自卑感强的人

严重自卑的人通常敏感而脆弱，既能敏锐地感受到自己许多不如别人的地方，同时，又极容易把周围一切人对自己的注意——哪怕是关心和帮助——看成是对自己的怜悯。因此他们需要一些谎言来安慰自己，或者是借助谎言来逃避，在别人面前树立完美的形象，以谎言为武器来调整自己在他人心目中的位置和形象，用谎言来安慰、麻痹自己，在幻想中获得满足感和认同感。

3. 过分争强好胜的人

争强好胜在一定程度上说是一种有益的品质，说明一个人积极进取、不甘落于人后，这样的人也更容易在事业上有较大的成就和作为。但任何事情都有个限度，超过这个限度便走向它的反面。要强也是如此，事事要强，时时要强，总想高出别人一头，这作为一种理想是很不错的，但如果把它落实在生活中，则太困难了。过分好强的人活得很累，他们事事都想出类拔萃，对自己要求很高。一旦失败或者遭遇挫折，往往没有勇气面对，只能用谎言编织理由为自己寻找退路，维护面子和自尊，虚构成功的情景、蒙骗他人或欺骗自己，便常常成为他们的拿手好戏。

4. 过分以自我为中心的人

趋利避害是人的本性，我们每个人在思考问题、处理事情时，都不免会以自我为中心，首先考虑保全自己的利益。但这种以自我为中心的心理应有个限度。如果没有损害他人的生活，大家自可相安无事。但如果一个人以自我为中心的心理严重到过分的地步，在与他人发生利益冲突的时候，在任何时候都只考虑自己的利益，损人利己的谎言也就随之而来。

身体语言如何泄露谎言

可能很多人都会认为说谎是一件很容易的事，其实并不是这样。说谎，尤其是想成功地说一次谎，是一件非常困难的事。为什么说谎就这么困难呢？主要原因在于当一个人撒谎时，他的潜意识不会听从他的“指挥”，而会独自行动。如此一来，他的身体语言就会使他的谎言不攻自破。这就是为什么那些平常很少说谎的人，一旦说谎，无论其谎言多么完美，显得多么真实可信，都会很容易被对方识破。因为从他开始说谎的那一刻起，他的身体就会发出一些自相矛盾的信号（身体语言和有声语言处于相互矛盾的状态之中），这就会让对方觉得他一定在撒谎。而那些职业说谎家，比如某些骗子，他们之所以说谎时不容易被别人识破，关键就在于他们能够有意识地将自己的身体语言和有声语言协调到较为完美的境界。因此，当他们向人撒谎时，人们往往会深信不疑。

看到这儿，有些读者可能会好奇地问，那些职业骗子是如何让自己的身体语言和有声语言达到较为完美境界的？一般来说，他们常用以下两种方法来实现这一目的。其一，平日反复练习说谎的时候做出正确的身体姿势，长时间的反复练习是必不可少的，一般为2～3年。其二，尽可能地减少身体语言，尤其是自己潜意识不能控制的身体语言，这样，他们在说谎的时候，就会很少做出一些负面动作了。不过，要想做到这一点，往往是非常困难的。下面的这个实验也证明了这一点。实验中，心理学家让参加实验的人故意向他撒谎，并让他们尽量压抑一切身体姿势，不管是正面的，抑或是负面的。然而，那些故意撒谎的人虽然控制住了主要身体语言，但仍有不少的细微动作表现了出来。比如，瞳孔缩小、用手触摸鼻子、拽衣领、脸色潮红、鼻子出汗，以及其他一些细微动作，而这些细微的动作已经暴露了一个人在撒谎。

由此可见，要想成功地欺骗他人，最好的办法就是将自己的身体隐藏起来，让别人只能“闻其声，而不能见其人”。也正是因为这个原因，审问嫌疑犯时，审讯人员往往会将疑犯置于一个空旷屋子的中间，或是置于较为强烈的灯光之下，以便让他们的全身都暴露在自己的视线之中。这种情况下，嫌疑犯任何一个细微动作都逃不过审讯人员眼睛，如果他们一旦说谎，就会非常容易地被揭穿。

一般来说，当你坐在桌子的后面，并借用桌子部分抵挡住自己的身体，或是从关着的门后面露出脑袋对人撒谎就较为容易成功了。当然，辅助撒谎的最好工具还是电话，或者是QQ等聊天工具。

第二节　从面部表情识别紧张情绪

眼睛向右上方看，大脑正在制造想象

还记得前面提到过的“EAC 眼睛解读线索”吗？神经科学的研究告诉我们，当我们思考时，大脑中的不同区域会被激活，导致眼睛向不同的方向运动。眼睛向左上方看时，表明大脑正在回忆过去的情景或事物；眼睛向右上方看时，表明大脑正在想象一幅新的画面；眼睛向左下方看，表明大脑正在回忆某种味道或感觉；眼睛向右下方看，表明正感受到身体上的痛苦。也就是说，眼珠转动的方向会暴露我们的思想。借助这个线索，我们可以从对方眼睛运动的方向来判断对方是否在说谎。

具体来说，眼睛向左上方看，意味着大脑正在搜索记忆，所说的是真话；眼睛向右上方看，意味着大脑正在创建想象，所说的可能就是谎话。如果你周一早上问你的同事周末是怎样度过的，对方回答：“带儿子去游乐场了。”此时，如果他的眼睛向左上方看，说明他脑海中正在浮现昨天和儿子在游乐场玩乐的情景，并没有撒谎；而如果他的眼睛向右上方看，则说明游乐场一事可能是他临时编造出来应付你的谎言。

人们在思考时，眼睛的运动方向是由大脑内活动的区域决定的，很难人为控制，因此，观察眼睛的运动方向来判别谎言不失为一个很好的办法。不过，为了确保判断的准确性，使用这个方法还有两个很重要的注意事项。

1. 事先编造好谎言的人眼睛不会转动

眼睛的转动必须和相应的思维活动相联系才有意义，如果人们已经事先准备好了一套说辞，就等着你问他了，那你就不会看到他的眼睛运动有什么不同。因为即使谎言是虚构的，此时也变成了一种记忆。因此，只有在人们没有准备的情况下，

一边说话一边构造谎言的时候，才能采用这种方法来判别。

2. EAC 眼睛解读线索并不适用于所有人

EAC 模型总结了大多数人的眼睛运动方式，但它并不适用于所有人，现实生活中总是存在着许多例外情况。例如，惯用左手的人眼睛转动的方向可能正好相反，往左上方看不是回忆而是编造谎言的表现。为了确保判断的准确，可以先提一些试探性的问题，找准对方眼睛转动的规律。例如，你可以先问对方“你觉得二十年后你会是什么样子?”这是一个关于想象的问题，仔细观察可以确定他在创建想象时眼睛转动的方向，然后就可以进行正确的判断了。

避免眼神接触，因为害怕被人看穿

大多数人在说谎时心中难免会有愧疚之感，以及担心谎言被揭穿的恐惧，愧疚和恐惧都会从他们的眼睛里流露出来，比如回避目光交流，或是低头不看对方，或是明显地把头偏向一侧，这些都可以说明这个人不坦诚。说谎时如果与别人对视，心里会更加紧张，然后就反映在眼睛里，因此说谎者本能地转移视线，以消除紧张感。

避免眼神接触或很少直视对方是典型的欺骗征兆。人在潜意识里觉得别人会从他的眼睛里看穿他的心思，因此，很多人会尽量避免和对方眼神接触，因为心虚所以不愿意面对你，眼神闪烁、飘忽不定，或者不停地眨眼。影视剧中经常可以看到这样的片段，一个人怀疑别人在对他撒谎，于是对那个人说：“看着我的眼睛，告诉我，到底是怎么回事。”而对方却把头低下或者撇开，不敢直视对方。的确，眼睛很容易泄露谎言，持续长久和躲躲闪闪的目光接触都是对方在说谎的重要标志。

揉眼睛则是另一种避免眼神接触的方式。当一个小孩不想看到某些人或某些事情的时候，他可能会用一只或两只手来揉自己的眼睛。成人也一样，当他们看到某些不愉快的东西时，也可能会用手揉自己的眼睛。揉眼睛这个动作是大脑不想让眼睛看到欺骗、疑惑或是其他不好的东西，或者是不想让自己在说谎时与别人发生眼神接触，以免自己因心虚而露馅。一般来说，当一个男性撒谎时，他可能会用力揉自己的眼睛。如果谎撒得较大，他会转移视线，通常是将眼睛朝下；当一个女性撒谎时，他不会像男性那样用力揉自己的眼睛，相反，她仅会轻柔几下眼部下方，同时将头上仰，以免和对方发生眼神接触。

频繁眨眼也是说谎的标志之一。科学家通过暗中观察记录，发现人们在正常而放松的状态下，眼睛每分钟会眨 6～8 次。而这种间隔在非正常状况下被打破。所谓非正常状态就是说你的内心情绪有较大起伏，比如因为说谎而紧张，这个时候眨眼睛的频率就很可能会显著提升。撒谎的人内心无法平静，承受着担心谎言被识破的巨大压力。在这种压力下，说谎者或许可以控制自己的口头表达，但却很难控制身体语言，于是眼睛因为巨大的紧张感而不停地收缩。

当一个人心理压力忽然增大时，他眨眼的频率就会增加。比如，正常条件下（职业骗子除外），当一个人撒谎时，由于害怕自己的谎言被对方揭穿，他在说完谎话后，其心理压力会骤然增大，相应地他眨眼的频率会增加，最高可达每分钟 15 次。所以，你在和某个人谈话时，如果你发现他总是不断地眨眼睛，说话也变得结结巴巴，你就得留心他所说话内容的真实性了。

此外，英国动物学家戴斯蒙德·莫里斯在观察警察审讯的过程中发现，当人们说谎或努力掩饰某种情感时，他们眨眼时眼睛闭上的时间会比说真话时更长，这是另一种避免眼神接触的方式，说谎者在无意识中通过延长眨眼时间给自己关上“一道门”，从而减轻内心因说谎而产生的愧疚感。

对方直视你的眼睛，也未必在说真话

人们往往相信，当一个人说谎时，他会因为心虚而不敢正视对方的眼睛，而是将自己的视线移向一边。那么我们是否可以就此认定，当一个人和另一个人谈话时只要他敢于直视对方的眼睛，他就一定没有对对方撒谎呢？先不着急回答这个问题，一起来看下面这个实验。

实验中，心理学家把参加实验的人员分为甲、乙两组，并让甲组的人对乙组的人撒谎，同时，心理学家还要求甲组中85%的人在撒谎时一定要看着对方的眼睛。随后，心理学家把甲、乙两组人员的撒谎过程进行了录像。录像完毕后，心理学家来到一家电视台做了一期“你能识别哪些人在撒谎”的谈话节目。让台下观众看完录像节目后，心理学家便开始让他们来识别哪些人在撒谎，并让他们说明各自的理由。

结果发现，很多观众都中了心理学家的“圈套”。在那些撒谎时注视对方眼睛的“骗子”中，有95%的人没有被观众识破，他们认为那些“骗子”在实话实说。因为“骗子”们在说话时敢于注视对方的眼神。而在那些事先没有被心理学家叮嘱过在撒谎时要注视对方眼神的“骗子”中，有80%的人都被观众识破了。可见，“注视对方的眼睛”正是说谎者用来伪装的有力道具之一。

由此，我们也就可以回答刚才提出的问题了。长久以来，变幻莫测的眼神、频繁的眨眼、不敢对视，都被认为是说谎的信号。这些看法都有道理，但是由于大多数人都这么想，所以很多人在说谎时就利用了这种心理，故意盯着对方的眼睛，显得那么从容不迫、游刃有余，以此表明自己没有撒谎。视线的转移确实会显露出一个人的情感状态。例如，悲伤时，我们的眼睛会向下看；羞愧时，我们会低下头。如果不同意对方的观点，则会直接把视线从对方身上移开。但说谎的人绝不会这么做，因为他们害怕被你看穿。

一整天，小洁男朋友的手机都处于关机状态，小洁很着急。第二天见面时，小洁装作很随意地问男朋友，昨天是怎么了，一整天都关机？男朋友为了掩盖自己的紧张，认真地看着小洁说："哦，昨天手机没电了就自动关机了，我还不知道呢，晚上想给你打电话才发现的。"男友说话时一直看着小洁的眼睛，一副坦诚认真的样子，可小洁还是觉察到了异样。

说谎者的骗术固然高明，但也不是完全没有破绽，因为这种可以的"盯"和自然的凝视眼神是不同的。仔细观察就会发现，这种凝视很不自然。所以，即使对方直视你的眼睛，也未必在说真话。

假表情总是慢半拍、持续时间长

人的面部表情可以说实话也可以说谎话，而且常常是在同一时间内既说实话又说谎话。在现实生活中，人们时常利用面部表情来作为掩饰和伪装其真实思想感情的"面具"。例如，因违章而受到交警训斥的司机为了避免把事情搞得更糟，往往故作笑脸，表现得服服帖帖；一对正在家中赌气的夫妻，一旦有贵客来访，便会装出没事的样子，笑脸相迎。当人们撒谎时，也会制造虚假的表情来掩盖真相，为了识别谎言，我们必须学会如何识别虚假表情。

虚假表情包括两种，伪装的表情和克制的表情。伪装，即假装出一种与自己真情实感相反的情感。例如小学生假装肚子疼请假回家时脸上装出的表情。克制，即为了不让别人发现我们真实的情感，努力控制自己的脸部肌肉，故作镇定。善于撒谎的人往往会小心翼翼，不让他们真实的情感以这种方式偷偷显露出来。无论是伪装还是克制，虚假表情的表现方式毕竟与自然流露的表情有所不同，最重要的区别即虚假表情总是慢半拍，而且持续时间长。情绪出现的时间快慢是很难人为控制的，由于刻意制造的假情绪不是自然发生的，因此它出现的时间总是会稍微延后，持续时间也会比真实的表情要久，然后就"突然”消失了。

1. 假表情总是慢半拍

反映内心真实感受的表情被称为“最初的反应表情”，会在情感产生的一秒钟之内立刻流露出来，之后才能进行人为的掩饰或伪装。因此，如果对方话还没说出口，或者刚开始说话时看起来就很生气，那么他可能确实被激怒了。相反，如果他说完之后才开始表现出很生气的样子，撇着嘴、瞪大了眼睛，这就是刻意加上的表情，并非出于内心的真实情感，对方只是想表现出很生气的样子。

2. 假表情持续时间长

表情持续的时间长短也可反映出说谎的印迹。停顿时间长的表情通常是假的，比如 10 秒钟或 10 秒钟以上的时间，甚至停顿 5 秒钟的表情也可能是不真实的。除了那种极其强烈的情绪感受，比如欣喜若狂、勃然大怒、悲痛欲绝等，自然的表情都不会超过 4～5 秒钟。而且，即使是非常激动的情绪，其表情也不可能持续太久，而是一阵阵地短暂地出现。只有象征性表情和嘲弄式表情是长时间存在的。例如，真正的惊讶表情从形成到消失不到 1 秒钟，如果有人对你说的话展现出长达 3 秒的惊讶表情，他多半是在故意假装自己不知道这件事。

面部表情是说谎者最容易作伪的部位，这给判断一个人是否在撒谎带来了麻烦。好消息是，面部表情中总有一部分是人为无法控制的情不自禁流露出来的，因此，我们可以通过识别对方脸上掩饰不住的真实表情来揭穿谎言。面颊肤色变化就是典型的紧张征兆。面颊的颜色会随着情绪的变化而发生相应的变化。面颊肤色的变化是由自主神经系统造成的，是难以人为控制或掩饰的。最明显的是变红和变白。人们最常见的面颊变红经常出现在害羞、羞愧和尴尬等情形中，脸红也是愤怒的表现，愤怒时，面颊瞬时转为通红而不是由面颊中心慢慢扩散开来。当愤怒中的人们想极力抑制自己的怒气和克制自己的攻击性冲动时，其面颊肤色会变得苍白，当人们处于惊骇的情绪状态下，面颊肤色也会变得苍白。可见，由面颊肤色的变化我们可以观察到对方真实的情感。类似的线索还有很多，只要在生活中留心观察，定能有所收获。

突然放大的瞳孔揭示隐藏的情感

人类瞳孔的变化是不由人的主观意志控制的，完全是下意识的反应，因此可以真实地反映人的情绪变化。前面已经提到，人的瞳孔会随着情绪的变化而相应地放大或缩小。无论说谎者的演技多么高超，他也无法掩盖这一点。瞳孔的这种变化是人无法控制的，因此只要我们留意观察对方的瞳孔，就能断定他是否在说谎。

当我们对眼前的事物或者谈话内容感兴趣的时候，瞳孔就会放大。如果一个人的瞳孔变化和他试图表现出来的情绪不相符，就可以怀疑他所说的真实性。警察在询问嫌疑人时经常会用到这个方法。例如，警察想要知道嫌疑人和另一名疑犯是否相互认识，会把许多张照片一张一张地给嫌疑人看，其中只有一个是目标人物，嫌疑犯看到目标人物的照片时，瞳孔会突然放大然后恢复，警察如果能够观察到这个细节，基本上就可以下结论了。

关于瞳孔与谎言的关系，俄国有一个故事。

一个叫卡莫的俄国人在外国被警察抓获，沙皇政府要求引渡他。卡莫知道，一旦他回到俄国，无疑将面临死刑。于是他装成疯子，企图以此逃过惩罚。他的演技骗过了一位又一位经验丰富的医生，最后他被送到德国一个著名的医生那里进行鉴定。这位医生把一根烧红的金属棒放在他的手臂上，为了逃避惩罚，卡莫忍受着巨大的疼痛，没有喊叫，也没有露出任何痛苦的表情，但是他的瞳孔因为痛苦和恐惧而放大了。聪明的医生看到了这一点，完全明白了他不是丧失了知觉的疯子，而是一个正常人。

可见，演技再高超的骗子也无法控制自己瞳孔的大小变化。故事中的医生正是利用瞳孔与恐惧情绪之间的联系发现了这个俄国人的破绽。反过来，人们也可以利用瞳孔变化与兴奋情绪之间的联系来识破谎言。

第二次世界大战期间，盟军反间谍机关抓到一个可疑的人物，此人自称是来自比利时北部的流浪汉。这位流浪汉的言谈举止十分可疑，眼神中露出一种机警、狡黠，不像普通的农民那么朴实、憨厚。法国反间谍军官吉姆斯负责审讯此人，吉姆斯怀疑他是德国间谍。

第一天，吉姆斯问这位流浪汉："你会数数吗?"流浪汉点点头，开始用法语数数，他数得很熟练，没有露出一丝破绽，甚至在德国人最容易露馅的地方也没有出错，于是，他过了第一关。

吉姆斯设计了第二招，让哨兵用德语大声喊："着火了！"然而流浪汉似乎完全听不懂德语，一动不动地坐在椅子上，脸上也没有任何表情。吉姆斯心想，这个间谍果然不简单。

吉姆斯冥思苦想，想出了一个特别的办法。第二天，士兵将流浪汉押进审讯室，他依然是一副无辜的样子，十分冷静。吉姆斯看见他进来，假装非常认真地阅读完一份文件，并在上面签字之后，故意用德语说："好了，我知道了，你的确就是一个普通的农民，你可以走了。"

流浪汉一听到这话，误以为他骗过了吉姆斯，不自觉地卸下了防备，于是抬起头深深地呼吸，瞳孔突然放大，眼睛里闪过一丝兴奋。吉姆斯从这短暂的表情中看出了端倪，看来这位流浪汉确实会讲德语，而且之前一直是在伪装。吉姆斯抓住这个细节，对流浪汉进一步审讯，终于揭穿了他的谎言。

总之，瞳孔放大必然和恐惧、兴奋等情绪有联系，即使对方的身体一动不动、一言不发，仅从瞳孔的变化也可以发现他企图掩藏的情绪，从而揭开谎言。

硬挤出来的笑容嘴巴紧闭

欺骗的表情常常出现在最不常用来掩饰情感的面具就是微笑。达尔文曾经作过相关的研究，他声称，人们通常企图掩饰消极的情感，而微笑所使用的肌肉与消极情感所使用的肌肉最无关。因而谎言往往伴随着虚假的笑容，笑容具有极强的感染力，也有极大的欺骗性，虚假的笑容有时甚至比恶语相向更有杀伤力，因为它戴着善意的面具。我们可以通过对方脸上的细节来识别虚假的笑容。

真正的笑容总是最全面的，能够让整张脸都亮起来。如果只是嘴角动了动，嘴巴紧闭，眼睛周围的轮匝肌和面颊拉长，这就是假笑，也就是所谓的皮笑肉不笑。假笑时面颊的肌肉松弛，眼睛不会眯起。狡猾的撒谎者将大颧骨部位的肌肉层层皱起来以弥补这些缺憾，这一动作会影响到轮匝肌和松弛的面颊，并能使眼睛眯起，从而使假笑看起来更加真实可信。一个人发出真心的灿烂笑容时，眼角和嘴角都会浮现出细细的纹路。

要知道为什么脸部纹路成为真笑与假笑的区别之处，就要先知道人的笑容运作的科学道理。人的笑容是由两套肌肉组织控制的：以颧肌为主的肌肉组织可以控制嘴巴的动作。使嘴巴微咧，露出牙齿，面颊提升，然后再将笑容扯到眼角上；而眼轮匝肌可以通过收缩眼部周围的肌肉，使眼睛变小，眼角出现皱褶。

我们的意识可以控制以颧肌为主的肌肉组织。也就是说我们自己可以命令这部分肌肉运作，即便我们的内心没有感觉到愉快，也能制造出嘴部的笑容。而眼部周围的眼轮匝肌的收缩却是完全独立于我们意识之外的，我们不能自主地控制。只有内心真正的愉悦才能激发它的运作。所以在一张不真诚的笑脸上，细纹只会出现在嘴的四周。

此外，假笑时，面孔两边的表情常常会有些许的不对称。习惯于用右手的人，假笑时左嘴角挑得更高，习惯于用左手的人，右嘴角挑得更高。而真实的笑容，两边的嘴角都会被最大限度地抬起，而且从来不会不对称。

笑容的时间长短也可以作为判断的依据。假笑保持的时间特别长。真实的微笑持续的时间只能在 2 秒到 4 秒之间，其时间长短主要取决于感情的强烈程度。而假笑则不同，它就像宴会后仍不肯离去的客人一样让人感到别扭。这是因为假笑是刻意伪装的，所以人们就不知道应该什么时候收起笑容，无形中延长了笑容的时间，露出了破绽。而且，假笑常常可以在很短的时间里被堆出来，而真实的笑容往往需要更长的时间才能展现出完整的笑容。

总之，如果一个人不想暴露内心的真实感受，他可能会带上“我很快乐”的面具，你只需切记，不是发自内心真实感受的笑容，是不会在脸上完全绽开的。

第三节　不经意的小动作会泄露真相

动作和语言不一致，嘴上说的不能信

人类大脑的边缘系统是非常诚实的，由边缘系统掌控的肢体行为会如实地反映我们的想法，这些动作是我们的主观意识无法控制的下意识的动作。我们之所以可以通过身体语言来识别谎言，原因就在于说谎行为本身的复杂性。看似漫不经心的一句谎言，想要做到滴水不漏不被人怀疑，其实是一件需要动员全身器官共同参与的庞大工程。因此，无论一个人的口才多么好、说谎技术如何高明，他的肢体都会“出卖”他。

人们在说话时，实际上同时在意识和无意识两种层面上进行交流，说谎者把精力集中在编造谎言、如何应答上面，因而很难控制自己的身体语言。由于人们在交流中同时传递这两种信息，因此说谎能否成功关键就在于对意识和无意识两种信息表达的控制。讲真话的人，意识表达和无意识表达总会保持一致，而一旦语言和动作之间出现不一致，我们就有理由表示怀疑。在这种情况下，我们难以控制的无意识信号，即动作和姿势，往往才是真情实感的表达，也就是说，当动作和语言自相矛盾时，所说的话就很有可能是假的。

生活中经常可以见到这样的例子，例如，抱怨感冒头疼向领导请假，却以轻快的步伐走下楼梯；嘴上明明说“不是”，同时却在点头；再如嘴上正在说好话，两个拳头却紧紧地握在一起，那分明就是讨厌你的表现。

曾担任过六百多件法庭审判顾问的乔艾琳·狄米曲斯在《读人》一书中提到过这样一幕：一次挑选陪审员时，负责此事的律师的妻子流产了，他向法官请求准他一天假好陪在妻子身边，但法官拒绝了，因为这会耽误工作。但是律师不得不走，把工作交代给其他同事后就离开了，而此时法官要求其他同事代他向律师以及妻子表示最大的祝福。

乔艾琳注意到，从字面上看，法官的话语似乎充满了同情，但从他当时说话的表情和动作姿势中，丝毫感觉不到同情和温暖之意。他脸上没有表情，一边说话还一边低头批阅文件，这表明他压根儿就不关心律师和他家人的命运。稍后，法官因为另一件事情对一名陪审员咆哮，从言语上看他似乎很生气，但他的肢体语言却揭露了真实的情绪，他的动作并没有反映出怒火——身体没有靠前、没有任何手势或者脸红。尽管法官说话时故意很大声、装作很生气的样子，但他的肢体语言却说明他不过是在利用愤怒的声音恐吓威胁对方，因为他自己缺乏合适的理由说服别人。

动作和语言不一致还有另一种情况，就是时间点不对，这和假装的表情是一个道理。例如一个人在假装生气地说话之后，会故意用拳头捶桌子或者挥舞手臂作为强调，以此来让自己看起来真的很生气。这种事后追加的动作都是刻意为之，并非发自内心。

因此，我们听别人说话时，要同时注意他的肢体语言，拿肢体语言、表情和说话内容作比较，才能看出一个人的真实情绪和动机，除非动作、声音和说话内容彼此符合，否则就一定有所掩饰，那就需要我们仔细观察去找出线索。一旦认清了一个人的习惯做法，也就很容易推测他的其他行为。

不时用手接触口鼻，是企图隐藏真相

频繁用手触摸自己的鼻头或者手指不时轻触嘴唇，是最常见的说谎动作。一旦他的手离口鼻很近，基本上都有说谎的嫌疑。如果他在说话时用手捂住嘴巴，那就表示连他自己都不相信自己说的是实话。这些手部动作起着遮掩的作用，是说谎者在潜意识里企图隐藏真相。

美国前总统尼克松被迫下台之前，议会对“水门事件”展开了调查，当时他正在国会接受审问，在审问期间，人们惊奇地发现，他经常会出现一种非常明显的惯性动作——老是不断地用手触摸自己的脸颊及下巴。

在谈话过程中，时而双手掩面或摸脸，就好像在说：“我不想听你说这些，我不想再谈论这个话题了。”正是因为心中常有不为人知的隐情，感到非常焦虑，从而不停地用手接触脸部。用手捂嘴和触摸鼻子是两种典型的说谎标志。

1. 用手捂嘴

这是一种明显未成熟，略带孩子气的动作，很多小孩尤其喜欢使用此种姿势，当然，一些成年人偶尔也会使用此种姿势。一般来说，使用此种姿势的人会在自己说完谎话后，迅速用手捂住嘴，同时用拇指顶住下巴，让大脑命令嘴不要再说谎话。有些时候，某些人在做这一姿势时，仅会用几根手指捂住嘴，或是将手握成拳头状，放在嘴上，但其蕴涵的基本意义是不变的。还有一些人则会借咳嗽的动作来掩饰其捂嘴的动作，以分散别人对自己的注意力。

2. 触摸鼻子

触摸鼻子是用手捂嘴这一姿势的“变异”，相比于用手捂嘴，它更具隐匿性。有些时候，它可能是在鼻子下面轻轻地抚摸几下，也可能是很快，几乎不易察觉地触摸鼻子一下。一般来说，女性在完成这一姿势时，其动作幅度要比男性轻柔、谨慎得多，这可能是为了避免弄花她们的妆容吧。关于触摸鼻子的原因，有这样两种较为流行的说法，其一，当负面或不好的思想进入人的大脑后，大脑就会下意识地指示手赶紧去遮住嘴，但是，在最后一刻，又怕这一动作太过于明显，因此手迅速离开脸部，去轻轻触摸一下鼻子。其二，当一个人说谎的时候，其身体会释放出一种叫做“儿茶酚胺”的化学物质，这种物质会使说谎者鼻子的内部组织发生膨胀。与此同时，一个人撒谎的时候，其心理压力会陡然增大，血压也会迅速升高，这样鼻子就会随着血压的上升而增大，这就是所谓的“皮诺曹的大鼻子效应”。血压的上升使得鼻子开始膨胀，鼻子的神经末梢就会感到轻微的刺痛。不由自主地，说谎者就会用手快速地触摸鼻子，为鼻子“止痒”。此外，当一个人感到紧张、焦虑，或是生气的时候，这种情况也会发生。

看到这里，可能有读者朋友会问，现实生活中的确存在鼻子真正发痒的情况啊，那该如何去区别两者呢？很简单，当一个人鼻子真正发痒时，他通常会用手揉鼻子或是用手挠来止痒，这和说谎是用手轻轻、快速地触摸一下鼻子是不同的。同用手捂嘴的姿势一样，说话的人可以用触摸鼻子来掩饰他的谎言，听话者也可以用触摸鼻子来表示对说话者的怀疑。

需要注意的是，不时地用手接触口鼻虽然是一个人说谎时最可能用到的姿势，但这绝不意味着只要一个人做出了这些动作，我们就可以立即断定他一定在撒谎。比如，某人说话时，之所以会捂住自己的嘴，是因为他有口臭，如果我们据此就认为他在撒谎，肯定会伤害到对方的。再如，当一个人陷入沉思而做出以上的动作，通常只是表示他完全沉浸在自己的思考当中。

手脚蜷缩贴近身体，因为缺乏安全感

心理学家指出，手势在很多时候是一种无意识的动作，能较为真实地反映说话人的心理状态。由于人们经常使用手势，而且手部的动作比腿部的动作更容易观察到，因而手势是识别谎言的绝佳突破口。不过，只要我们仔细观察，就会发现手和脚的动作都传递着信息。

汽车销售员小陈最近业绩明显下滑，经理问他："你这个月怎么回事，业绩还赶不上上个月的一半？"

原来小陈最近迷上了网游，每天玩游戏到凌晨两三点，早上起不来，工作也提不起精神。被经理这么一问，不由得僵住了身子，把双手贴在大腿两侧，低着头小声说："最近我父亲身体不好，需要人照顾。"

像小陈这样，手脚贴近身体，身体缺乏动感，是明显的说谎特征。为了更好地识别人们在说谎时的状态，我们先来回想一下正常情况下的动作和姿势。当一个人充满自信、自由自在的时候，手和脚会自然地向外延伸。当他对自己所说的话深信不疑、感到兴奋时，会不自觉地运用各种手势来强调自己的观点，例如用手指指着别人或指向空中，表达坚定的观点。

反过来，当人们说谎时，由于集中精力在编造谎言上，身体语言会缺乏动感，明显的区别就是手和脚的动作会减少。如果是坐着，他可能会把双手放在大腿上，双腿交叠在一起；如果是站着，他可能会把手完全插在口袋里，或者双手紧握，手指蜷向掌心，这是出于防卫心态。说谎者缺乏安全感，因此会做出这些手脚蜷缩、贴近身体的姿势。其他典型的还有把手指放在嘴里、抓挠脖子以及拉扯衣领。

1. 把手指放进嘴里

一般来说，一个人做出此种动作往往是下意识的，因为他可能正面临着巨大的压力。他之所以会做出这个动作，最主要的目的是想重新获得自己幼儿时期吮吸妈妈乳汁的安全感，因为在一个人的潜意识深处，吮吸妈妈乳汁是最有安全感的。所以，很多孩子在成年以前会用自己的指头或者衣领来替代妈妈的乳头，成年以后，他们则会用口香糖、烟斗等来代替。而说谎时担心被识破的不安甚者恐惧，激发了这种吮吸动作，因此很多说谎者会把手指放在嘴里，甚至开始咬指甲。

2. 抓挠脖子

有些时候，一些人在撒谎时会用食指来挠耳垂以下的脖子部位。如果仔细观察一下，你就会发现撒谎者通常会挠 5 次左右，很少会出现少于 4 次或多于 8 次的情况。一般来说，挠脖子这一姿势代表不安、疑惑，或是“我也不确定我会同意”，“应该不会那样吧”等意思。如果一个人说的话与这一动作相矛盾的话，就会表现得非常明显。比如，一个人说，“我比较同意你的看法”，与此同时，他又用手挠着自己的脖子，这就表明他心里其实并不是真正同意你的看法。

3. 拉衣领

身体语言学家通过实验发现了这样一个有趣的现象：当一个人撒谎时，会导致面部和颈部的一些敏感组织产生轻微的刺痛感，为了缓解或消除这种刺痛感，撒谎者往往会用手去挠或搓那些产生刺痛的部位。这就不仅说明了为什么人们在感到不确定的时候会用手挠脖子，也很好地解释了为什么一个人在说谎并怀疑自己的谎言已经露馅时，会不由自主地拉自己的衣领。

4. 不接触对方的身体

身体接触通常发生在亲密的人之间，是亲近的表现。人们说谎时，会暂时停止接触对方的身体，以此来降低心中的罪恶感。

类似的安慰动作还有很多，在此不一一列举。当你看到别人在听到你的提问后，手脚弓成像胎儿的姿势，手脚的姿势都很僵硬，除非他是真的感到身体不舒服，否则就一定有所隐瞒。

不安的双脚泄露紧张情绪

英国的一名心理学家通过实验发现了一个有趣现象：人体中离大脑越远的部位，越有可能反映一个人内心的真实感情。脸离大脑最近，因此人们常常伪装出各种表情来撒谎，可信度最低；手位于人体的中间偏下部位，可信度中等，一个人会或多或少地利用手势来撒谎；而腿和脚离大脑最远，相对于人体其他部位，它的可信度最高，一个人脚上的动作往往会泄露其内心的真实情感，当你怀疑一个人在说谎，但却看不出什么破绽时，不妨多加注意他的腿和脚的动作。

在某次会议上，总经理要求各部门经理汇报近半年以来的工作情况。很快，就轮到陈经理发言了。他整理了一下自己的衣领以后，便面带微笑地开始总结自己部门的工作情况。在他发言的过程中，总经理觉得陈经理今天有点不对劲，虽然他面带微笑，但嘴角总会偶尔歪斜一下，拿文件的手也在微微地颤抖着，更为奇怪的是，他的双脚在那不停地滑来滑去。稍微想了一下，总经理顿时明白了其中的原因。会议结束后，总经理让陈经理留了下来，说有事要单独和他谈谈。待陈经理坐下后，总经理单刀直入地问道：“你为什么要在总结工作时撒谎？”一听这话，陈经理顿时满脸通红，连忙向总经理道歉，并请求其原谅自己。

为什么总经理知道那位陈经理在撒谎呢？很简单，因为陈经理在说谎的时候，尽管他做出了一些虚假表情，如面带微笑，并且努力控制自己的手部动作（其实还是没有完全控制住，仍旧在微微颤抖），但是他没有意识到在自己的发言中嘴角出现了歪斜，更为重要的是，他没有意识到自己下半身的动作增多了，如双脚在那“滑来滑去”，这些恰恰是一个人说谎时的动作。而他的这一切，正被总经理尽收眼底。这也是为什么很多企业的总裁总是喜欢坐在不透明的办公桌后面，让桌子遮住自己的下半身，他们才感到舒适自在。因为一个人在撒谎时，他虽然可以控制上半身的动作、表情，但却无法有效控制下半身，尤其是腿和脚部的一些动作。

因此，当我们看到一个人双脚处于一种不安的状态，不停抖动或者移来移去，说明这个人的情绪也处于一种比较紧张的状态，或者在撒谎，或者内心处于一种不安定的状态。

把头撇开是因为想要逃避话题

我们已经知道，人们说谎时，会下意识地避免与对方对视，例如低着头或者移开视线。如果此时说谎者内心十分紧张不安，他就会做出进一步的防卫动作，例如把头撇开，就好像在说：“别再问了，我不想谈这个话题”。

把头撇开是人们说谎时的一种典型的防卫动作。如果仔细观察正在谈话的两个人就会发现，如果一个人对话题感到轻松自在有兴趣，会不自觉地把头靠向对方，仿佛希望进行更深入的交流。反过来，如果一个人身体后侧，把头撇开不看对方，说明正在谈论的事情令他感到不安，想要停止谈话。清白诚实的人面对别人的责问时，会积极地展开攻势，他之所以激动是因为不想被人冤枉。而心虚的人则会因为不安而做出防卫性的姿势和动作。

例如，乔安娜和约翰为一件事情大吵了起来，乔安娜认定约翰做了什么，如果约翰把头撇开，却不作辩解，那么看来确实有什么事情发生了。相反，如果约翰十分激动地立刻辩解澄清自己，他很有可能就是无辜的。

把头撇开已经显露出内心的紧张和不安，如果说谎者面对提问极度不安，就会想要逃避，但他不会拔腿就跑，而是寻求空间的庇护。就好像我们受到威胁时想要躲避逃走一样，人们在说谎时，心理上处于劣势，担心谎言被识破，会不自觉地移开身体，他绝对不会主动靠前，而是退后或者转身，以此躲避直面指控的威胁。例如，把身体转向门口的方向、背靠墙壁，而不是坐在屋子中间，因为这样他看不见背后发生的情况会更加不安。另一种方式是直接寻找“盾牌”来保护自己。例如紧紧地抱着一个抱枕、书包挡在自己的胸前，或者把酒杯放在身前，这些都是在两人之间制造一种障碍物，好像士兵举着盾牌来保护自己免受伤害，说谎的人利用这些物体挡在两人之间，免受言辞的威胁。

换句话说，人们交谈时，身体姿势和动作的开放程度和他的可信度成正比。一个人的姿势动作越舒适自在，就越说明心中坦荡无欺，因为他知道自己是清白的，所以没必要紧张不安。而对方如果不敢看你、不敢正面对着你、不敢接近你，那就是说谎的征兆。

第四节　从说话方式发现欺骗的线索

说谎者无法倒着叙述事情

从谎言的形式上我们可以把谎言分为两种，一种是掩盖事实，另一种是编造或者篡改事实。掩盖事实比较容易，而编造和篡改相对来说需要比较高明的说谎技巧，因为它需要说谎者无中生有，而既然是无中生有，就很容易露出破绽。当说谎者不断重复谎言时，难免会出现自相矛盾的地方，只要我们留心观察和分析，就很容易识破谎言。

美剧《别对我说谎》中有这样一个情节，识谎专家Gillian负责调查一位国会议员，当Gillian询问议员："你上周五晚上是怎么度过的?"议员为了掩盖自己经常出入俱乐部的事实，于是开始编造所谓的"不在场证明"，他说："我去国会的健身房游泳，然后回家看文件，吃过晚饭之后，我出席了一场社交活动。"这位议员的表述十分平静自然，似乎看不出什么破绽，然而Gillian要求他倒着再描述一次，即从他做的最后一件事开始往回说。议员立刻显示出来不安和惊慌，他开始语无伦次，完全不符合之前所描述的情形。

这是因为，当人们编造谎言时，倒着时间顺序来描述会非常困难，因为他先前编造出来的情形并不是真正的记忆，虽然说谎者会实现准备好要怎么回答，却几乎从来不会想过还要倒着顺序准备一遍，因此会显得惊慌失措，立刻就暴露了自己。我国历史上也有类似的事例可供参考。

唐朝初年，有一位刺史叫李靖，被人诬告意欲谋反，唐高祖指派一名御史调查此事。恰巧这位御史是李靖的故交，他知道李靖做人正派、为官清廉，绝不会做出大逆不道之事，一定是遭人陷害。这位御史左思右想，想到一条妙计。他向皇帝请旨，请告密者共同前去查办此案。皇帝欣然应允。途中，御史假装丢失了告密者的检举信件，四处寻找，假装非常害怕的样子对告密者说："这下完了，重要的证据被我弄丢了，不过还好，有您在，劳烦您再写一份就是了。"

那告密者无从推脱，只好硬着头皮，凭着记忆，又编造一份假证据。御史将这份新检举信与原件一比较，除了告李靖密谋造反的罪名一样，所列举的证据大相径庭，时间、人物都难以对上号，显然是恶意编造的诬告信。

御史巧妙地引出告密者自相矛盾、前后不一致的证据，揭穿了诬告谎言，使案件水落石出。

与前面倒着叙述的方法相类似，要求说谎者在不同的时间重复自己所编造的谎言同样可以让对方大乱阵脚。因为临时遗忘而编造另外的谎言能使人抓住自相矛盾的地方，即使事先有很充裕的时间来准备，说谎的人很谨慎地编造了台词，但假如他不够机灵的话，他也无法预期对方反问的所有问题，仔细想好所有的答案；而且，就算说谎的人很机警，当时的情况也会引出突发事件，本来说词是可以骗到别人的，但是一旦发生这种突然的改变，就会出现漏洞。

说谎大王都是“记忆专家”

说谎者在毫无准备的情况下，常常对同样的问题编造出完全不同的答案，因为他自己也记不清自己上一次被问到时是怎么说的了。然而，如果说谎者事先知道将要面临询问，精心编造好一套说辞，那么他就立刻变身为“记忆专家”，不仅很久以前的小事都能够记得，而且每次回答的答案都一字不差，完全吻合。

警察在审讯犯罪嫌疑人时经常运用这个特征，如果警察讯问嫌疑人三个月前的某一天是怎么度过的，假如嫌疑人能够说出那天去了哪里、做了什么，就非常值得怀疑了。除非这一天是某人的生日或者其他意义特殊的日子，否则，正常情况下人们连一个星期前的一天做了什么可能记不清了，何况是几个月之前。

英国心理学家怀斯曼曾经做过一个关于谎言的实验，他让著名谈话节目主持人罗宾爵士说一段真话，再说一段假话，用录像机录下来之后让大家分辨真假。两段话的内容如下：

对话一：

怀斯曼：“罗宾爵士，你好，请问你最喜欢的电影是哪一部?”

罗宾爵士:“是《乱世佳人》。”

怀斯曼:“您为什么喜欢这部影片呢?”

罗宾爵士:“这是一部非常经典的影片,演员都很了不起,男主角是克拉克·盖博,女主角是费雯丽,整部影片非常感人。”

怀斯曼:“那么您最喜欢其中哪一位呢?”

罗宾爵士:“哦,盖博。”

怀斯曼:“那么您最喜欢的这部影片您看过多少遍呢?”

罗宾爵士:“嗯……(停顿)我想大概有六遍吧。”

怀斯曼:“您还记得第一次看这部影片是在什么时候吗?”

罗宾爵士:“电影刚刚上映的时候,应该是1939年。”

对话二:

怀斯曼:“罗宾爵士,你好,请问你最喜欢的电影是哪一部?”

罗宾爵士:“嗯……(停顿)应该是《热情似火》。”

怀斯曼:“您为什么喜欢这部影片呢?”

罗宾爵士:“哈哈,我每次看这部影片都觉得非常有趣,这部电影里有很多我喜欢的东西。”

怀斯曼:“那么您最喜欢其中哪个人物呢?”

罗宾爵士:“嗯,我想是托尼·柯蒂斯,他实在是太帅了。(短暂停顿)而且他非常聪明,他模仿加里·格兰特简直出神入化。电影里,他试图抵挡玛丽莲·梦露的诱惑,可他采取的方式实在太逗了。”

怀斯曼:“您还记得第一次看这部影片是在什么时候吗?”

罗宾爵士:“电影刚刚上映的时候,但具体是哪一年我记不清了。”

据罗宾爵士自己所说,他最喜欢的影片是《热情似火》,而

《乱世佳人》则是他看过的最无聊的影片之一。我们来具体分析一下两段对话有什么不同。在第一段对话中，当怀斯曼问他最喜欢哪部影片时，他想都没想就说出了答案，按照常理，人们在回答自己“最喜爱的”一类问题是至少会稍微作一番评估，除非是预先想好了答案才能如此反应迅速。其次，罗宾爵士清楚地“记得”自己在多年中总共看了六遍《乱世佳人》，对于自己看过很多遍的影片，一般人只会记得自己看过“三遍以上”或者“不少于五遍”等等大概范围，六遍未免过于精确，有明显的造假嫌疑。第三，罗宾爵士清楚地“记得”影片是在哪一年上映的，而且回答相当迅速，一般情况下，即使是自己喜爱的影片，也不会刻意记得它上映的时间，何况是很多年前上映的老电影。这些迹象都表明，罗宾爵士在第一段对话中撒了谎，破绽就是他那惊人的记忆。

总之，说谎大王都是记忆力很好的人。他们的话，说得越清楚越不可靠。

用暗示的方法回应，不作正面回答

文学作品的描写方式有正面描写和侧面描写之分，谎言也是如此。说谎的人通常不愿意正面回答你的问题，他们既不想承认事实，又不想撒谎，所以往往采取一种折中的办法来应付你的提问，那就是暗示性的回答。

老师问小玉：“我发现最近你的作业和小芳很相像，她做对的你也做对，她做错的你也做错，你们俩是不是互相抄袭作业了？”

小玉低声说：“我和小芳平时都不在一起玩，我妈妈每天都守着我写作业呢。”

像小玉这样的回答等于根本没有回答，面对老师的问话，她不能不回答，但又害怕被老师责骂，所以只能用“妈妈守着我写作业”来暗示自己是诚实的。暗示性的回答一方面避免了承认错误的麻烦，另一方面又可以减轻自己说谎的内疚感。除了暗示的回答方式之外，说谎者惯用的答话方式有下面5种：

1. 套用你的话回应你，拖延时间

说谎的人在面对突如其来的盘问时，一时间来不及编造好答案，往往套用对方的问话来回应，以此拖延时间，来准备好一套说辞，对于说谎的人来说，一秒钟比一分钟还长，这个时间足以做好准备。

妻子问丈夫："你是不是偷看我手机短信了?"丈夫有些慌张地反问道："谁偷看你手机短信了?"妻子又问："那你刚才拿我手机干吗?"丈夫说："我拿你手机干吗?我以为有电话就帮你看了一下。"

套用你的话作为回应，不需要进行思考而且显得反应迅速，这就像早上上班时同事之间互道"早安"一样自然，根本不需要用大脑思考，就按照对方的话进行回应。除了反问和重复对方的话之外，另一种套用方式就是把肯定句换成否定句作为回答，如果对方说："你撒谎了。"心虚的人会回答："我没有撒谎。"而清白的人会回答："我说的是实话。"

2. 利用反问来拖延时间

就像套用你的话来回应一样，反问也是故意拖延时间编造谎言的手段。反问对方有时比套用对方的话更有效，因为反问过后对方还需要时间回答，反问使说谎者进一步争取到了编造说辞的时间。常见的反问伎俩例如："你这是什么意思?""你怎么会问我这种问题?""你听谁说的?""你觉得呢?"

说谎者不但利用反问来争取思考的时间，还可以突现自己的气势，一副理直气壮的样子，有时甚至会以此震慑对方，不敢再多问。

3. 主动提供更多的"信息"

说谎的人知道，如果自己什么都不说，正是心虚的表现。因此，他们可能反其道而行之，不但大大方方地回答你的问题，而且还主动提供更多的相关信息，一直到对方相信了为止。

妈妈盘问儿子周六一整天都去了哪里，儿子撒谎说去市图书馆看书了。见妈妈一脸的怀疑，儿子又接着说："我还在图书馆遇见小明了，他说他每个周六都去那儿看书。"妈妈没说话，转身接着切菜。儿子赶紧又说："小明还让我下周五去他家给他过生日，他还请了好多同学。"

就像这样，说谎的人急于确认你理解了他的意思，如果你表现出怀疑的神情，他就会继续提供更多的"信息"作为证据，可能会牵涉到更多的人物和事件，因为人们往往相信，描述得越具体的事情越有可能是真的。

4. 说漏了嘴

很多说谎者都是由于言辞方面的失误而露馅的，他们没能仔细地编造好想说的话。即使是十分谨慎的说谎者，也会有失口露馅的时候，弗洛伊德将之称为口误。人们常会在言辞中违逆自己意思，同时在内心中潜藏着矛盾，以致稍一大意就会说出本不想说的或相反的话，从而在口误之中暴露了内心的不诚实。因此，口误的必然情形便是说话者要抑制自己不提到某件事或不说出自己所不愿说的东西，但又因某种原因而"说走了样"。因此，偶然出现的口误有时恰恰就是真相所在。

5. 漫不经心地描述一件重要的事

当我们不希望某件事情引起别人的注意时，我们会尽量使用平淡的语气来叙述，最好是轻描淡写地一笔带过，这也是说谎者常用的手段，他们对那些可能引起你怀疑的事情进行淡化处理。例如，你和妻子一边吃饭一边聊天，她忽然说："哦，对了，我明天晚上要去参加一个朋友的生日聚会。咱爸的生日也快到了，我们想想准备什么礼物吧。"如果你的妻子平时除了工作以外很少出门，更不喜欢去人多闹腾的地方凑热闹，而朋友的生日聚会她却一点儿也不重视，那么明天的活动就疑点重重。快速地转移到父亲的生日话题上，表明她企图转移你的注意力，可见事情一定有蹊跷。

说话声音高而缺乏变化，是明显紧张的表现

人们说话时，不仅说话的内容在传达信息，说话的声音也能表达含义。我们可以有意识地控制自己说什么，但很难控制自己的声音，特别是在说谎时情绪紧张的状态下，即使能够毫不费力地控制措辞，也很难掩饰自己声音的变化。情绪会影响我们说话的音调、音质和音量。例如，人们生气时，说话声音会变大、语速加快，音调提高。而当人们情绪低落时，说话比平时更慢，而且声音低沉、音量小。

人们在说谎时声音会变高，而且声调平平、缺乏抑扬顿挫，这是因为说谎者的声带像身体其他部位的肌肉一样，因压力而紧绷，所以音调变高，带有欺骗性质的陈述不会像发自内心的坚定观点那样带有抑扬顿挫，而是缺乏变化的平淡无味的声调。

说谎者的情绪差别也会导致不同的声调变化。有研究发现，当说谎者觉得自己有罪时，声音会变得像愤怒的时候一样，更快、更高、更大声；当说谎者觉得非常羞愧时，声音会变得像忧伤的时候一样，更慢、更低、更平缓。

通过语速也可以判断一个人是否在说谎。平时少言寡语的人突然间高谈阔论起来，我们就可以据此推测这个人有可能藏有不可告人的秘密。平时快人快语的人突然变得沉默寡言，我们就可以据此推测这个人很可能想要回避正在谈论的话题，或者对谈话对象怀有敌意和不满之情。回答问题的速度也是重要的线索，特别是关于价值观和信仰方面的问题，作答并不需要时间考虑，但是如何回答会影响别人对自己的看法。因此，说谎的人需要较长的时间考虑之后才会说出符合主流价值观的答案。同样，反应的速度过快也很蹊跷，就好像是事先已经准备好了答案等着你问他了，如果他平时说话都慢腾腾的，却突然不假思索地给出一个答案，那么这个说法绝对不可信。

除了声音的变化和语速之外，人们在说谎时还会有其他一些典型的语言特点。例如在谈话中停顿的时间过长或过于频繁，会延长用来停顿的语气词，如“嗯……”“哦……”，说谎者利用停顿的时间来想好下一步应该怎么说，或者直接因为紧张而变得结结巴巴。

根据有关研究，人们说谎时流露出的各种信号的发生率，如下所示：

1. 过多地说些拖延时间的词汇，比如“啊”“那”等词占到40%。

2. 转换话题率为25%，比如，“因为临时有事情，那天去不了。”

3. 语言反复率为20%，例如，“本周的星期天吗？星期天要加班?”

4. 口吃现象为9%，例如，“什，什么?”

5. 省略讲话内容，欲言又止占5%。

6. 说些摸不着头脑的话。

7. 说话内容自相矛盾。

8. 偷换概念。

以上信号中，如果在对方讲话时有好几处得以验证的话，那就表明他是在说谎或者是有难言之隐。当然，这只是研究得出概率统计，仅供大家参考。总的来说，声音变化是判断一个人说谎与否的重要线索，当我们听别人说什么的时候，也要留心他是如何说的，这样才能有效地识别谎言。

提到的数字都是同一个数，或是它的倍数

前面提到过，说谎大王通常都是“记忆专家”，他们能够清楚地“记得”很久以前的某一天自己去了哪里、干了什么，事先编造好的说辞可以一遍又一遍地重复一字不差。但是，一旦事情涉及数字，就没那么简单了。编造出来的数字会呈现出一定的规律，说谎者为了让自己的说辞显得流利顺畅，通常会落入数字的陷阱中，为了不出错，他们总是使用相同的数字或者同一个数的倍数。

在一次面试中，面试官询问应聘者过去的工作经验。

面试官："你做过几年的销售工作？"

应聘者："我做过6年销售工作，分别在3家不同的家电公司。"

面试官："谈谈你在上一家公司工作的情况。"

应聘者："我负责一个6人的销售团队，曾经连续3个月获得'最佳销售团队'的称号。"

应聘者在回答问题时反复提到3和6这两个数字，如果面试官足够聪明，应该知道这意味着什么。当数字信息重复出现时，往往并不是"纯属巧合"。

可见，虚构的情节总会显现出一些特征，除了重复出现的数字之外，事事完美的情节也是虚构事件的典型特征。诚实的回答通常同时包括正面和负面的情节，例如对方告诉你今天虽然路上堵车，但是他见到了多年的老同学，俩人聊得很开心。而虚构的情节总是事事完美。人们在撒谎时总是会忽略掉那些负面的东西，好让别人听起来更容易相信，而这恰恰就是谎言的破绽之一，把手机忘在出租车上、飞机晚点等信息是不会出现在虚构的情节中的。另外，如果你要求对方解释约会迟到的原因，他会告诉你路上塞车、出门忘带东西又返回去取等理由，在对这类问题撒谎时，大多数人则会编造一些令人头疼的负面的情节，这就要另当别论。

虚构情节的第三个特征是不涉及他人的观点，即第三人的想法和态度。尽管人们说谎时会非常谨慎地编造故事情节，但是他们通常只能够顾及自己的思维层面，要把其他人的观点加进来不是件容易的事，谎言被识破的风险会立刻增加一倍。因此，虽然人们的谎言中常常涉及他人，但是几乎不会把他人的观点纳入其中。

例如，你问女友周日的行踪，她说和朋友出去逛街了，具体又可能有两种不同的描述：(1)“我和娟姐去西单逛街了，她买了两条裙子，我本来看上一双高跟凉鞋，可惜没有我的尺码。”(2)“我和娟姐去西单逛街了，她买了两条裙子，她说我的眼光真好，帮她挑的裙子都特别适合她。我本来也看上一双鞋子，可惜没有我的尺码。”乍看之下，这两个回答是一样的，唯一的差别在于第二个回答包含了第三人的观点，即娟姐对“我”挑衣服眼光的评价，这样的回答更可信。而如果女朋友的回答是第一种，那么你或许应该在多问几个问题来试探真假。虽然不涉及他人观点的回答未必一定是假的，但包含了他人观点的回答，通常是值得相信的。

总之，当提到的数字都是相似的，或者是这个数字的倍数，或者不涉及第三者的评价时，有可能是在说谎。

谎言往往这样开始

经验丰富的撒谎者经过长期的摸索和总结，形成了比较完整的说谎套路，他们知道怎样说谎更容易取得他人的信任。识破说谎者惯用的伎俩可以帮助我们迅速地辨别谎言，一般来说，说谎者往往会运用下面这几种方式：

1. 半真半假，真话假话混着说

自然界的许多动物都有保护色，不容易被自己的天敌发现。谎言也往往有“保护色”，那就是谎话里面穿插的真话。高明的说谎者惯用的伎俩之一就是用真话来掩饰谎话，说话时半真半假，真真假假的成分掺杂其中，让人难以分辨，从而达到迷惑人心的目的。例如，有些医德败坏的医生明明知道病人得的是无药可治的绝症，在讲了一些病人的真实病况后，却引出一个闻所未闻的进口药，声称此“药”可治此病。这种真真假假、假假真真的话语，让人辨认起来更难分清哪句是真，哪句是假。

2. 主动亮出自己的“私心”

精于撒谎的人通常也是洞悉人性的高手，懂得利用对方的心理。例如说谎者常常会主动亮出自己的“私心”，但他亮出的只是一个假的“私心”或小的“私心”，是为了掩饰自己内心真实的想法，而真的“私心”或大的“私心”，他是不会说的。例如，导游在带领游客到商场购物时，会事先主动告诉游客，自己可以从中拿到回扣，但是只有5%而已。比起那些拒绝承认回扣一事的导游来说，游客们觉得这位导游很实在，因此不会有抵触的情绪，反而会多买一些商品。其实这位导游拿到的真正的回扣可能超过了20%。这种谎言利用的是人们“以诚相待”的心理，即用小“诚”来换你的“大诚”。

3. 贬低自己

人们往往以为那些自吹自擂、夸夸其谈的人更容易撒谎，其实高明的撒谎者反而会做出谦虚谨慎的样子，故意贬低自己，从而降低对方的防范意识，容易获得对方的信任，待取得对方的信任后再开始“大动作”。

总得来说，如果人们开始出现以上几种行为时，他们有可能要说谎了。

第三章
看人也要看环境

第一节　居住环境——反映生活方式和关切点的重要指标

居住环境比穿衣打扮更能反映社会经济地位

居住环境，是能够贴切地反映出一个人的性格和生活状态的。比如，你到别人的家里去参观的时候，应该注意的就是他的住处、他家里的布置和他这个人的外在形象是否相符。通过对比，可以发现很多情况。

因为，一个人的穿着打扮与居住环境之间的差别，可以透露出这个人愿意把钱花在什么地方。比如，一个人穿着很华丽，但是居住的地方却很简朴。他的房子很旧，所在的位置也比较偏僻，房间里的摆设也很简单。看到他的住处，你完全不能和平时光彩照人的他联系在一起。那么，此时，他的住处更能反映出他的实际财务状况，而他的外在形象只能说明他对自己的期许。他希望自己成为一个富有魅力的有钱人，所以他把自己打扮成这样。而且，他的穿着打扮与他的住所之间的落差越大，他追求财富的动机就越强烈。因为对外表的注重若大于对舒适度的追求，就说明这个人有很强的企图心。他们的目光很远大，追求很高，所以愿意暂时住在简朴的环境中，以所有的财力满足对长远目标的追求，并随时严阵以待不放过每一个机会。当然，还有另外的情况，比如，他们是虚荣心很强的物质主义者。他们贪图别人的目光和称赞，虚荣心极度膨胀，因此，宁愿住得不好也不愿意穿得差。还有一种情况，是缺乏安全感。他们害怕如果不将自己打扮得靓丽一些，就会受到他人的轻视。

还有一种人，和上面的人刚好相反。他们可能会把收入的大部分投入在房子上，在最好的位置买最好的房子，房子的装修和布置也是最好的。但是，他们却并不在乎自己的穿着打扮。这样的人，非常在意自己的舒适度，而不会怎么在乎别人的目光和评价。

比如，有一个人，公司是他自己开的，所以他每天穿很随便的牛仔裤、衬衣上班。他身上也没有任何值钱的配饰，他就是一个普通的人。没有人会把他和有钱人联想到一起。可是，如果你去了他家，那个位于海边的美丽别墅，你就会知道他是多么地富有。他不在意穿着和别人对自己的评价，只要自己舒适就可以。说明这样的人，是非常自信的。他们对自己的现状已经非常满意，所以他不需要向别人展示什么。这样的人，也热爱生活，热爱家庭，他们对家人和朋友的关怀甚于对事业的重视。他们活得洒脱而真实，只会做自己喜欢的事，服从自己内心的想法，是真正的成功人士。

总之，如果一个人的居住环境和外在形象基本上没有差异，那说明这个人对自己的身份和工作都比较满意。如果一个人的居住环境和外在形象存在很大的差别，这个人就值得你思考了。一方面，一个人的居住环境比他的穿着打扮更能真实的反映出他的社会经济地位；另一方面，居住环境所透露出的信息也较为可靠，因为在自己的家里，人们往往不需要掩饰自己真实的身份和性格。

选择在学校附近居住，是重视子女教育的人

孟子是我国战国时期著名的思想家。但是，孟子小时候，

也和一般的孩子一样，很贪玩，不愿学习，整天和小朋友打打闹闹。他的母亲为了让他受到良好的教育，花了好多的心血。最初，他们住在墓地旁边。孟子就和邻居的小孩一起学着大人跪拜、号哭的样子，玩起办丧事的游戏。孟母看到了，皱起眉头："不行，我不能让我的孩子住在这里了！"于是，孟母就带着孟子搬到市集旁边去住。到了市集，孟子又和邻居的小孩学商人做生意的样子。一会儿鞠躬欢迎客人、一会儿招待客人、一会儿又和客人讨价还价，表演得像极了！孟母知道了，又皱皱眉头："这个地方也不适合我的孩子居住！"于是，他们又搬家了。这一次，他们搬到了学校附近。孟子开始变得守规矩、懂礼貌、喜欢读书。这个时候，孟母很满意地说："这才是我儿子应该住的地方呀！"

这就是"孟母三迁"的故事。这个故事说明，无论是大人还是孩子，都应该多接近好的人、事、物，才能养成到好习惯，并拥有高尚的情操。但是，从这个故事中我们也可以看到，正是因为最后孟母迁到了学校旁边，才使孟子从小就懂礼貌、喜欢读书。所以，居住环境对孩子的影响是巨大的，而选择在学校附近居住的人，是真正重视子女教育的。

在人们选择住所时，会考虑许多因素。地理位置优越吗？这样离市中心近，买东西会比较方便。离医院近吗？这样看病会方便些。离电影院、KTV等娱乐场所近吗？这样玩起来会方便些。喜欢自然风景和新鲜空气的人，可能会宁愿远一点，也要一片安静的空间。这时，有些人就会考虑，离学校近吗？这样孩子上学会方便一些。而有的家长，会刻意将住所选择在学校旁边，这样就可以让孩子从小就得到良好的教育。

住在学校旁边重要，但是选择什么样的学校也很重要。比如，有位女士描述她为儿子寻找一家幼儿园的经过。她进第一家幼儿园的时候，正是中午时分，那些孩子们正散坐在客厅里看电视。而且，他们竟然在看娱乐节目。如果是卡通片或者介绍大自然的节目，这位女士还可以勉强接受，但是，竟然让小孩子看娱乐节目，她难以理解，于是转身走了。她进入第二家幼儿园，发现房子打扫得一尘不染，而且所有的插座都装上了安全塞子，桌子的每个角落也都套上了橡皮护套，一些可能产生危险的物品也被放在了孩子够不着的地方。每个地方都有贴心的布置，处处显示着这家幼儿园的专业和关怀。通过对比，这位女士选择了这家幼儿园。

总之，住在学校周围，对孩子有好处，所以选择如此居住环境的人重视孩子的教育。但是也要看学校的环境和质量。如果是不好的学校，也会对孩子的成长起反作用。

把整个客厅让给小孩的人，不会拒绝你带小孩来拜访

不同的人，对自己的房子有不同的设计，什么房间起什么作用，都是经过自己精心安排的。因此，通过观察他人对自己房子的设计和各个房间的用途，可以看出这个人的性格。

比如，有的人会把整个客厅都让给小孩，在客厅里堆满了各种各样的玩具。小孩可以在客厅里为所欲为，把客厅弄得很乱，把自己的玩具弄得到处都是。但是，这些人却并不会责怪自己的小孩，而是尽可能地让小孩玩得开心，他们甚至创造条件让孩子玩，并且默默地整理被孩子弄乱的客厅。这样的人，非常爱自己的孩子，并且希望自己的小孩能够快乐地成长。他们注重培养孩子的想象力和创造力，他们让自己的孩子随心自由地发展。因此，这样的人，偏好家庭式的休闲活动，他们不会拒绝你带小孩来拜访，甚至很欢迎你带自己的孩子来家里玩。因为他们是真正富有爱心和耐心，且开明的家长。

而有的家庭会把玩具放在孩子的房间，他们只允许孩子在自己的房间里随便玩，而要把客厅保留为大人的活动空间。这样的人，比较讲原则，但也可以适当通融对方。什么事，该怎样做，他们心里有想法，有自己的原则，但是在一定程度上，

他们也可以适当放宽条件。

还有的人，专门为孩子设了游戏房间，这样，孩子既可以在自己的房间里玩，也可以去专门的游戏房间玩。不仅保证了客厅的整齐，也使孩子的房间不至于太乱。这样的人，是非常讲究计划的，也非常善于安排。他们可以尽量使每个人都满意。

值得注意的是，一些女性的房间可以很直接地说明她的性格。比如，她的房间收拾得很干净，家具不多，但是简单而实用。多以白色、蓝色等清淡的颜色为主，呈中性化风格。那么，屋主很可能是性情直爽，性格独立的女性。她们要求和男性具有对等的地方，自主意识很强。她们也不喜欢依赖别人，当然，也讨厌被依赖。虽然她们看起来可能不太可爱，但是一旦真心爱上一个人，会努力给他最好的。

而有的女性的房间恰恰相反，她们不管多大年龄，都喜欢用粉红色装饰自己的房间，并且喜欢用很多可爱的卡通形象。给人一种少女般的梦幻感觉。这样的女性，喜欢浪漫，爱撒娇，情绪反复，喜欢自我沉醉。她们总是习惯于理想化，并一味地追求美的东西。

还有的女性，房间整整齐齐，但是又不乏女性特征。比如一花一草都在细节中，展现了她们对生活细腻的感悟。这样的人，性格坦率，注重内在。她们常常会照顾别人，也喜欢照顾别人。她们在恋爱时，不太注重男人的外表，或者财富，而是注重这个人的内心。所以，这样的女性，活得很真实，也会使自己获得真实的幸福。

总之，房间有不同的布置和装饰，每个房间也有不同的用途，从这些具体的不同，都可以看出主人的性格。

想知道他是否喜爱阅读，只需看他家里有多少藏书

看一个人的爱好，就应该到他家里去，看一看什么比较多。比如，你想知道一个人是否喜爱阅读，就应该看他家里有多少

藏书。

书籍是能够反映出人们性格的物品。如果一个人的家里有很多的藏书，虽然不会非常肯定他就是喜欢阅读的，但是，如果一个人非常喜欢阅读，他的家里没有一本藏书，是不可能的。因此，想知道一个人是否喜爱阅读，只需看他家里有多少藏书。或许，每一个人并非喜欢把书柜放在客厅里，那么，你可以去他的卧室看一看他有没有藏书。又或者，他有一个专门的书房，可以供自己在安静的环境中阅读。还有，你可以具体地观察一下，他所收藏的书的类型，因为根据阅读的书籍类型的不同，还可以具体判断不同的性格。

除了通过看一个人家里的藏书来证明他是否爱阅读，还可以通过房间里的摆设或者布置，也可以看出主人的爱好。

比如，有的人在家里摆放了许多艺术品。很显然，这说明他们很热爱艺术，会把大量的钱投资在购买艺术品上。这时，如果你发现他们摆放的艺术品确实很有艺术价值，那么就恰好证实了你的第一印象。相反，如果你看到的物品只会让你反胃，那么，他们摆放这些艺术品的动机很可能就是为了证明自己很有艺术细胞。往往，人们越显示什么，说明他们越缺失什么。另外，如果他人摆放的艺术品，能够迅速吸引你的目光，也说明你与对方有很多共同的兴趣爱好。

有的人喜欢在家里以开放式吧台的形式，陈列自己丰富的藏酒。很显然，他们喜欢喝酒。他们把自己喜欢的酒，或者舍不得喝的酒，珍藏起来。如果对方年龄不满五十，你就应该特别注意。他们喜欢藏酒，并不一定都是酒鬼。这很可能证明他们是非常欣赏各种美酒，所以他们爱好收藏美酒。收藏有很多种，酒也是其中的一种。当然，他们也可能是喜欢显示自己的人，他们愿意别人夸奖自己收藏了众多的美酒。

有的人喜欢做饭，所以，你去他家的时候，注意一下，他家的厨房是不是特别整洁，配置是不是都很齐全。一个真正热爱厨艺的人，会将自己的厨房打扫得非常干净，而且厨房设施会很齐全，各种作料也都具备。如果他们说自己很喜欢做饭，结果厨房里都是灰尘，并且冰箱里什么都没有，很显然，他们并不热爱做饭。

还有的人，说自己很爱唱歌。那么，去他家的时候，看看他们有没有整套的音响设备，有没有唱片。随口唱几句和真正喜爱唱歌的人，有着本质的区别。真正热情音乐的人，会将自己的资金，投入到改善自己的装备上。

总之，确定一个人的爱好，只需去他家看一看，观察一下相应的物品是否具备。一个人只是强调自己喜爱阅读，家里却没有一本藏书的人，是不可信的。

住在高楼层的人上进心强，但稍显冷漠

在当今的时代，房子越盖越高了。曾几何时，还都是整整齐齐的 6 层小楼，然而随着时代的变迁都变成了 12 层、24 层、32 层，现在甚至于 60 层的大楼也不足为奇了。房子越盖越高，这说明当今时代的人们，心理上发生了一些变化。

一般情况下，住在高楼层的人，上进心很强。他们通常是不甘人后的，所以无论在财富上，还是在地位上，他们都不想比别人差，而是一味地以高处为目标，努力的奋斗，直至超过别人。这样的人，一般以自我为中心，注重自己的感受，所以好恶也比较明显。他们只注重自己的想法，自己喜欢的就好，自己不喜欢的，就不来往。他们也不喜欢住在低处，而是住在尽量高的地方，这样也和他们好胜的心理相符合，能让他们时时处处高人一等。

俗话说，高处不胜寒。住在 10 层以上的人们，往往也是不喜欢与人有过多接触的。他们喜欢独居高处，远离低处的喧嚣和嘈杂。闲暇时，他们可以从高楼远眺四周的风景，并享受高处安静的空气和阳光。这样的人，是对人有一点冷淡的。他们

不喜欢和很多人打交道，喜欢一个人独居高处，哪怕不胜寒，也喜欢这种凄美的感觉。所以，他们喜欢住在高层，独享一个人的清净。

另外，位置高的住宅，一般都具有良好的景观和较好的环境，价位也比较高。所以，一处位于中心地段的高层住宅，往往是身份和地位的象征。因此，一些有经济实力的人，往往会选择高层，这样会让他们觉得自己很有地位，很有面子，并感觉自己很高贵。

其实，高层住宅有很多具体的弊端。比如，在建筑和医学的领域，有关高楼层居民的研究表明，他们比低楼层的住户，更容易发生“女性压力较大”“小孩较晚独立”等问题。因为，住在高层的人们，本来就不想和人有过多的来往，他们争强好胜的心又太强，因此他们很难对别人倾诉自己的想法，即便是压力再大，也会积压在自己内心。久而久之，他们的压力得不到及时的排解，就会出现焦躁、情绪反复无常等情况。而且，住在高层的孩子们不能像住在低层的孩子们一样，能够在广阔的空间里玩耍，自由地成长。他们在高处，真正是不胜寒的，只能在自己的房间里孤独地成长，所以心智得不到充分而健康的成长，很难长大，还容易依赖父母。

第二节 人际环境——通过一个人所处的圈子来判断他

气味相投的朋友是一个人的底牌

我们经常说：“物以类聚，人以群分。”这句话是非常有道理的。无论是生活中，还是工作中，气味相投、志同道合，都是我们择友的基本标准。反过来讲，一个人有什么样的朋友，也代表了这个人是什么样的。所以，我们也可以通过观察对方的朋友，来判断对方是怎样的人。

一位心理学家曾做过一个实验：要求一些年轻人回忆他们结交的一位最亲密的朋友，并请列举这位朋友与他们自己的相似之处与不同之处。出人意料的是，大多数人列举的尽是朋友与他的相似之处，什么“我们性格内向、诚实，都喜欢欣赏古典音乐”，什么“我们都很开朗、好交际，还常常在一起搞体育活动”，等等。因此，也进一步证明了，人们都是喜欢和自己性格相似的人交往，通过观察一个人周围都是一些什么样的朋友，可以看出这个人是怎样的人。交往的双方若能意识到彼此的相似性，则更容易相互吸引，两者越相似则越能相互吸引，产生亲密感。一般来说，同年龄、同性别、同学历和相同经历的人容易相处；行为动机、立场观点、处世态度、追求目标一致的人更容易相互扶持。相似的范围也很广，包括态度、信念、兴趣、爱好和价值观等。

因此，当我们观察这些人的朋友时，可以从这些方面着手。而且，人们对和自己相似的人容易看着顺眼，相似的两个人容易成为朋友。所以，气味相投的朋友是一个人的底牌，通过观察他的朋友，就可以判断出他的性格。

乐于和优秀者交朋友的人，上进心强

在我们的身边，经常会有很优秀的人。对于这些人，有的人会敬而远之，有的人是暗暗嫉妒，还有的人则是希望和他们成为朋友。很喜欢与比自己优秀的人交朋友，因为在优秀者那里总能学到更多的东西。通常，这样的人有很强的上进心。

希望与优秀的人交朋友的人，有很强的上进心，因为他们在一起接触，本身就可以激发自己的上进心。比如，当你的朋友获得很高的学历时，你是否也希望自己获得同样的甚至更高的学历呢？当你的朋友领到很丰厚的月薪时，你是否希望自己也领到同样丰厚甚至更丰厚的月薪呢？当你的朋友得到领导的

肯定时，你是否希望自己也同样可以得到领导的认同呢？答案是肯定的。所以，跟一个优秀的人在一起，他的进步同样也可以成为你的动力，也能激发你的上进心。俗话说，近朱者赤，所以说，跟一个优秀的人在一起，自己也会变得越来越优秀。而那些主动寻求优秀朋友的人，肯定有着很强的上进心，他们时刻希望自己也能变得优秀。喜欢和优秀的人交朋友，在交朋友的同时还抱着向对方学习的目的。他们也想成为一个优秀的人，也希望自己像别人一样获得成功，于是他们就不断地为自己创造向别人学习的机会。

与优秀的人交朋友，可以从他那里学到许多对自己有用的东西。比如，他的学识，他的经验，他面对问题时的态度，他解决困难时的办法等，这样的人通常可以在生活与工作的好多方面做你的老师，这是提高自己能力的一条途径。所以，许多人都希望自己多结交一些可以当自己老师的朋友，亦师亦友的关系可以让自己更快地得到进步，这是一种有很强的上进心的体现。

因此，当我们的在工作或生活中遇到喜欢与优秀者结交朋友的人，基本上可以断定他是一个上进心很强的人。而有些人恰恰相反，他们喜欢与不如自己的人交朋友。一般情况下，这样的人，虚荣心很强。

人们在选择朋友时，通常会选择与自己志同道合的，或者比自己优秀的，以便提升自己。可是有些人，却偏偏喜欢和不如自己的人在一起，这样他就会有一种优越感。因为自己无论什么方面都强于对方，对方在自己面前只有点头哈腰的分，而自己站在对方的面前，则显得高高在上。其实，这是一种虚荣心过强的表现。而且，这种对比很不公平，不具备可比性，但有的人就是喜欢找一些不如自己的人来衬托自己的高大，以满足自己的虚荣心。所以，喜欢和不如自己的人交朋友的人，通常是那种虚荣心特别强烈的人。因为他们在比自己优秀的人面前他找不到自信，总是有压抑的感觉，不但虚荣心满足不了，还常常无端地郁闷生气。所以，他们必须要找一些不如自己的人做朋友，在这些人面前，他们总是显得很厉害，很有办法，很精明强干，实际上他的任何能力都没有得到提升，但他们仍然很高兴，因为他们的虚荣心得到了满足。

其实，每个人都有虚荣心，有时候，适当的虚荣心也是我们前进的动力。但虚荣心太强也不是一件好事，虚荣心太强的人做事情往往首先想的是要如何满足自己的虚荣，而不去想什么是自己真正想要的。而且，如果虚荣心得不到满足，即使他们做出了什么成绩也不会高兴。这样的人，往往为自己的虚荣付出痛苦的代价。所以，如果有谁喜欢与不如自己的人结为朋友时，那么这个人可能是个很虚荣的人，他有着强烈的虚荣心。如果你不是过度谦虚的人，最好不要尝试与这样的人交朋友。

总之，在现实生活中，有的人喜欢结交比自己优秀的人，也有的人喜欢和不如自己的人交往。看他们和什么样的人交往，身边的朋友圈是什么样的，也可以推断出他们的性格。

异性朋友少的人，内心比较自卑

在交朋友的时候，对性别的挑选是一个特殊的问题。有的人喜欢和同性别的人交朋友，而有的人则喜欢和异性交朋友。

只喜欢和同性交朋友的人，不喜欢与异性交朋友的人，内心深处往往比较自卑。因为自卑，导致他不敢与异性往来，他害怕在异性面前出丑，害怕被异性看不起。当他与异性交流时，不能通畅地交流，有时他还会脸红。在内心深处，他们也希望自己在异性面前光彩夺目，但是自卑的心理让他们觉得自己没有任何优势可言，没有任何可以在别人面前显露的东西，甚至连微笑也没有。因此，他们在没有与异性接触前就先背上了思想包袱，背着这样的包袱去与人交往肯定没有好的效果，而越是没有好的效果，他们便越是着急，从而心里的压力越大、包袱越重，越是放不开，慢慢地就形成了恶性循环。于是，最后的结果就是，他越来越不敢与异性交流，慢慢地开始躲避异性，只与同性交往。他们觉得，与同性交往能让他们不那么紧张，他们可以想说什么就说什么，同伴的安慰和鼓励也会让他找回一点信心。而且，只喜欢与同性交往，他们几乎没有异性朋友，平时见了异性就不知道说什么好，有时甚至与异性说话都会脸红。所以，生活中他们常常避开与异性的交往，渐渐地他们也就失去了异性的朋友。

其实，在很多时候，这都是他们的心理作用。他们的自卑，使他们看不到自己的优点，觉得自己一无是处。他们总是羡慕别人，看到别人身上处处是优点处处散发光芒，而反观自己却是一脸的暗淡。久而久之，他们就真的觉得自己什么都不好了，也愈发不敢和异性交往，害怕他们看不起自己。其实在别人眼里他们也有着自己的优点，只是他们自己看不到而已。他们只能看到自己的缺点却看不到自己的优点，他们常常被自己的缺点所困扰，这是他们自卑的根源。当然，也有一些人因为在经济条件上与别人相差甚远而引起的自卑，这只能靠个人的努力奋斗去填平差距了。还有的是长得比较难看，尤其是女性，害怕在男性面前遭到嘲笑或者轻蔑的眼光。如果不是这两种情况，就是他们的心理作用了。

因此，如果我们身边也有这样的只喜欢和同性交往，不敢跟异性往来的人，我们可以推断出他是一个内心深处极为自卑的人。而有的人恰恰相反，他们的同性朋友很少，而异性朋友却很多，而且，他们喜欢结交异性朋友。

在日常生活中，一般男性的朋友多是男性，女性的朋友多是女性。这是因为同性别的人，性格比较相似，相同的话题也比较多，交往起来也没有什么避讳。但是，有些人却是异性朋友比较多，这是为什么呢？

这些特别喜欢与异性交往的人认为，与异性在一起时比较放松，平时积压在心头的一些话都可以拿出来说说，可以互相安慰对方、鼓励对方。而跟同性在一起时，这些话可能就会因为种种原因说不出口。比如，如果是女性有大量的男性朋友，很可能是因为害怕竞争。因为女性之间的妒忌心比较重，很容易吵架或者互相说坏话。而男性的胸怀比较宽广，能够容纳女性的任性和偶尔的虚荣，所以，女性喜欢与男性交往。同样，如果男性喜欢与女性交朋友，排除“拈花惹草”的可能性，单纯是想交个朋友，则是因为他们觉得女性很善良、很细心，能够安慰人。这样的男人也大多比较软弱，在遇到困难的时候，首先想到找自己的“红颜知己”倾诉，是比较懦弱的表现。

总是结交老实人的人，通常担心遭到背叛

有的人在交朋友时，喜欢找老实巴交的人。他们觉得与那些精明强干的人为伍，可能有一天会遭到背叛，受到伤害。而与老实的人交朋友，不用担心这一点。他们觉得这些老实人一旦与自己成为真心的朋友，便会对自己推心置腹，还有特别的关心照顾，常常会在自己需要帮助的时候出来帮助自己，甚至自己背叛了他们，他们也无怨无悔。而且，跟老实人在一起永远都不会吃亏，也永远不用担心他们会背叛自己。

这些人之所以有这样的想法，可能是在交友的路上受到过什么伤害，以至于一朝被蛇咬，十年怕井绳，让他们不敢再去结交那些比自己聪明强干的人，因为害怕再受伤。他们觉得太聪明能干的人，会欺骗自己、背叛自己，而老实巴交的人则不会。就算是和那些平时比较老实的人交往，他们也要通过长期的观察才会决定自己是不是要结交这个朋友，因为有些人只是表面上比较老实，而心里却很狡猾。如果不经过长时间的观察，可能就无法发现一个人的真面貌。所以，这些人活得比较累，他们总是担心遭到背叛，在交友的时候小心翼翼。也同样是因为他们害怕别人的背叛，所以他们选择一个永远不会背叛友情

的人，这样他们便不会在友情中受到伤害。

而且，喜欢与老实巴交者为伍的人性格比较多愁善感，他们的感情比较细腻，对待友情与爱情都十分认真，是重情谊的人，他们也比较敏感，常常朋友一两句无心的话，都会触动他那敏感的神经。而敏感重感情的人，本身就容易受到伤害，因为一些在别人眼里无足轻重的事情和无足轻重的话，在他们眼里可能有着不同的重量，别人不会在意的东西，他们可能会去在意。

喜欢与老实人交朋友的人，也都是比较率真的人。他们不喜欢那些虚假的客套，希望人与人之间能开诚布公地交流。而与精明者在一起有时会被利用，可能自己将对方当朋友对待了，而对方只把自己当成了实现他的某种目的的一个工具。所以，他们在择友时会选择与老实巴交者、不会欺骗他们、不会利用他们的人为伍。

因此，当我们碰到一个喜欢与老实人交朋友的人，可以初步推断出，他可能是害怕别人的背叛，而且他也是一个性格率真、多愁善感的人。而有的人恰恰相反，不喜欢和老实巴交的人交朋友，而是喜欢跟有权势者交朋友。这样的人，多半有势利心理。

在交朋友的时候，应该以自己的内心为取舍标准。但是有些人，却喜欢结交位高权重者。他们只看得起那些比自己强或者跟自己职位一样高的人，他们只希望和这样的人交朋友，他们看不起那些比他们职位或收入低的人，因为在他们心里，这样的人帮不了他什么忙。这样的人，多半有些势利，他交朋友的原则是能从朋友身上获得利益，而不能让他获得利益的人则不能成为朋友。

这些只喜欢结交位高权重者的人，总希望靠别人的职权来为自己铺路。他们的交友并不是真心的，里面埋藏更多的是利益关系。所以，这样的人交朋友不是以心换心，因此，他一般没有什么真正的知心好友。而且在现实中，对待比自己地位低的人，甚至都不会去多看一眼，更不会去主动交朋友，即使别人主动与他交朋友，他也会表现出爱理不理、不耐烦的样子。但对待比他地位高的人，他马上就转变了态度，他的热情、大方、亲切都会表现得淋漓尽致，当然，并不一定是真心的。不熟悉他的人肯定会被他这种表面流露出的假象所蒙蔽。他还很看重利益的交换，比如，我帮你一次，你也帮我一次，如果我帮了你一次，而你没有能力帮我，他们就会觉得吃了亏。

因此，在现实生活中，有的人喜欢结交老实巴交的人，有些人却只喜欢和位高权重者交朋友。前者可能是害怕遭到背叛，而后者就有着势利的心理。所以，当我们在生活中遇到只喜欢结交位高权重者的人时，我们就主动离他远点，因为连交朋友都十分势利的人，也不值得我们去结交。

喜欢和长辈交朋友的人，心智比较成熟

在交友时，一般人都习惯于和自己的同龄人交朋友。但是，有的人却喜欢与比自己年长的人交往。他们觉得跟同龄人在一起，没有什么话说，而且觉得同龄人的思想太简单，而跟比他们年长的人在一起，反而有更多的共同语言。

喜欢与长辈交朋友的人，一般都是心智比较成熟的人。比起同龄人，他们显得更有远见，在处理事情上，更有大局观，能够比较理智地去对待一些事情，所以，他们的思想要比同龄人成熟。而且，他们跟同龄人在一起时，总会感觉同龄人的想法与他们不一致，或者会认为同龄人现在的想法，他很早前就有了。还有的时候，感觉同龄人的想法很幼稚，完全没有可实施性。所以他们与同龄人在一起时，很难有共同的语言，因为他们的思想已经不在一个层次上了，看问题的立场与观点也都改变了。

这样时间久了，当他们和同龄人谈到某个问题时，同龄人

常常不能理解他们的想法，渐渐地便孤立了他们。和这样的情况在和长辈交谈时则没有。他们与比自己年长的人在一起时，往往能够在想法上达成一致，因为那些比较成熟的想法正好与年长者的想法不谋而合，所以与年长者在一起时不仅常常能聊得很投机，还能得到年长者的赞扬和赏识。比较起和同龄人在一起时，他们对自己的想法的怀疑、不理解或者不赞同，这些赞扬和赏识也让他们更加愿意与年长者接触，更加疏远同龄人。而他们经常和长辈在一起，交流越多，思想就越成熟。良性循环，久而久之，他们就成为了心智上比较成熟的人。

心智成熟的人，虽然并没有处理过一些问题，但他们却在年长者那里学到了足够多的经验，因此他们一般在接受新事物上显得比别人更快，在处理问题上也显得比别人更稳重、更有经验。这也是与年长者在一起的好处，毕竟是过来人，你可以从年长者那里学到许多在同龄人身上学不到的东西。所以他们愿意与年长者交往。而本身，这些想法也只有心智比较成熟的人才会有。因为他们知道和年长者交往的好处，本身心智就比较成熟。

总之，当我们身边有比自己年龄小的人很喜欢与自己交往时，我们可以判断这个比自己年龄小的朋友很可能是个心智十分成熟的人，不要小看了他。或者，当我们身边有些同龄人，不喜欢和我们交往，却喜欢和年龄比我们大的人交往时，也不要用自己的想法揣摩他，因为他很可能比我们的想法要成熟许多。而还有一些人恰恰相反，他们不仅不喜欢比自己年长的人交往，还喜欢与年幼者交友。这样的人，多半是对现状不满的人，比较“愤青”。

确实，有人喜欢与长辈交往，就有人喜欢与年幼的人交往。要不然前者的情况也不可能出现。喜欢比自己年幼者交往的人，往往讨厌自己身边的年长者或者同龄人，那些年长者和同龄人对事物的观点和想法不能和他达成一致，也不能令他满意。因此，喜欢比自己年幼的人交往，从另一个角度而言，他排斥比自己年长者或者同龄者，在年长者或者同龄者那里，他们不能找到自己的知己。他们需要的朋友是那种比较纯粹的真挚的朋友，而不是成人间的那种表面一套背后一套的交往。而且，他们对年长者和同龄人的不满实际上就是对现状的不满。所以，在年长者和同龄人面前他总是一副“愤青”的样子，对什么都看不惯，对什么都不满意。

而且，因为他们对什么都看不惯，还会把本来没有那么严重的问题严重化。特别是对成人间那些虚伪的客套的关系感到恶心，对那些尔虞我诈的交往感到失望。所以他们常和年幼者交往，他们觉得比自己小的人，思想还单纯些。因此，他们愿意和那些心灵比较纯洁的年幼者交往。所以，他们总是在同龄人中显得很激进。

不过，这样的人性格也非常直率、真诚。他们敢于大胆地去戳穿别人不愿戳穿的谎言，有什么就说什么，不怕得罪人，无论在什么时候他都敢于仗义执言。虽然他们说话有些偏激，做事也有些容易冲动，但是他们不虚伪，也很真诚。

因此，有人喜欢和长辈交往，有人喜欢和年幼的人交往。前者的心智比较成熟，而后者的想法比较激进。通过观察身边的人都喜欢和什么年龄段的人交往，就可以初步判断他们的思想是否成熟。

朋友圈子大的人，多半热情开朗

有些人，非常喜欢交朋友。不管对方是怎么样的性格，也不管对方的年龄身份如何，只要是能谈得来，就会交了对方这个朋友。而且，对他们来说，也很少有谈不来的。因此，他们的朋友很多，三教九流，什么样的朋友都有。他们在生活中喜欢与各种职业、各种性格的人交朋友，所以他们的朋友常常遍布在城市的各个角落。

这些喜欢结交不同性格朋友的人，大多是热情开朗的。他们能接受、能容纳不同性格的人，他们对任何人、任何事都很热情，没有这份热情，相信也很难有不同性格的人愿意与他为伍。另外，他们不仅自己热情开朗，对别人的事也很热心。因为他们要交到不同性格的朋友，就不能只待在一个圈子里，他们要和不同的人接触，只有先接触才能找到朋友。所以，他们必须对别人的事情热心，他们甚至要去参与别人的事情，因为这样他们就能跳出自己的圈子，走进别人的圈子，在别人的圈子里接触更多的人，认识更多的人，为自己的下一步交友做准备。所以，喜欢结交不同朋友的人，性格比较开朗热情，对别人的事也很热心。

而且，这些人往往是重视社交的人，他们不仅在自己熟悉的场合，展开自己的交际攻势，往往在不熟悉的场合，也敢于施展自己的交际才能，他们有那种能很快把陌生人变为朋友的本领，在他的朋友中，至少有一半是完全通过无意间的一次交流而转化为朋友的。他们重视社交，一方面是为了给自己铺路，另一方面，他们本身就热衷于交朋友。

另外，他们的性格也是多元的。他们对朋友的事情很关心、很热心，有需要帮助的地方，一定会尽力去帮忙。所以，朋友们遇到问题和麻烦时也常常能想起他，而当他遇到困难和麻烦时也会得到八方支援。不过，他们有时虽然会跟着感性的朋友一起把酒畅聊到天明，但是，有时也会跟着理性的朋友计算股票基金的收益，或者想想和这样的人交往能够给自己带来什么好处。

总之，当我们在生活中遇到这种喜欢交朋友的人时，我们就可以大致判断出，他是一个比较开朗热情的人。而有些人却刚好相反，他们很少主动结交朋友，有的甚至从来没有主动结交过朋友。这样的人，通常比较孤傲，比较清高自负。

与喜欢交朋友的人相反，有的人很少主动去结交朋友。他们根本不喜欢交际。不过，如果有人愿意跟他们交朋友，他们也不介意。但是他们在交际上一般比较被动。

这样的人，性格一般都比较孤傲。更多的时候，他们都愿意一个人待着，而不是跟朋友在一起。他们往往具备一些过人的能力，但又不喜欢外露，不喜欢刻意地去表现自己，当别人发现不了他时，他便一个人孤芳自赏，而不是毛遂自荐。而且，从不主动结交朋友的人，一般都是比较清高自负的人。他们骨子里有一股傲气，谁也不服的傲气。所以他不会主动去跟谁好，因为在他眼里世上大多数人都不如他。所以这样的人也常常为自己的清高付出昂贵的代价，这代价就是失去一些很好的机遇。失去后他们也会觉得有些遗憾，但也并不会太在意，更不会去因此改变自己。

不过，他们孤傲、清高自负，却并不冷漠。一旦有人愿意跟他们交往时，他们不会像那些势利的人对朋友挑挑拣拣，他们会表现出自己的热情与真诚，当然，前提是这些想与他交朋友的人必须也是真诚的。而且，一旦交往起来，你就会发现，他们是值得深交的朋友。

总之，无论是喜欢交朋友的人也好，还是不喜欢主动交朋友的人也好，都是值得我们交往的朋友。因为前者是热心开朗的好朋友，而后者是外表清高、内心真诚的好知己。能够和这样的人成为朋友的人，本身也是热情而宽容的。他们能够用他们广阔的胸怀，包容不同的人。

只和身边的人交朋友的人，比较内向

在交朋友时，有些人只喜欢与自己身边熟悉的人接触，而很少主动与人接触。这样的人大多性格比较内向。

只喜欢与身边的人交朋友，性格比较内向，因为他们在社交上一般比较被动，他们不喜欢主动去结交很多陌生人，也不喜欢与太多的人交往。他们喜欢安静、默契的朋友圈，所以他们只喜欢和平时经常在身边的一些朋友在一起活动。而且，即使在自己身边的这群朋友中，他也表现得不是太活跃，只是会自由地做自己想做的事。肯定不是那种能带动气氛的人，也不是那种能推波助澜的人，他更多地扮演的是“观众”的角色。在适当的时候，他们也会加入到朋友的谈话之中，但是很少主动发起谈话。所以，这样的人，更不要说是主动和陌生人交朋友了。因此，他们的性格有点内向，他们是不太活跃的人。而且，他们只喜欢与身边的人来往，对社交也没什么兴趣，说明他们又有些慵懒。对他们来说，交朋友是一件费力的事情，也很麻烦。而且，他们认为朋友不在多而在精，有几个特别好的朋友就够了，不用刻意地结交其他人了。这样的人，往往是活得比较轻松的，他们会对自己认为值得交的朋友很真心，也不会为了别的原因去刻意交朋友。当然，这也可能是他们为自己内向的性格找的借口。不过，这样的人总是比较坦率的，虽然偏内向，但是值得与之交往。

而且，因为他们比较内向，性格也不活跃，所以一般都没有特别多的朋友，平时休息也不会主动去找朋友玩，即便找也是找经常在身边的那几个人。而更多的时候，他们就是一个人在家休息，看看电影、看看书等等。久而久之，他们也爱上了这种宁静随性的生活。于是，益发不愿意去为了交朋友而交朋友。他们的这种想法和性格也限制了他们交更多的朋友。

因此，当某个人只与你或少数几个人来往，很少与别人交往时，可以知道这个人就是那种性格有点内向，不够活跃的人，但是，他们是真的把你当朋友的。但是有的人却不一样，他们不管是谁，甚至是陌生人都能交上朋友，这样的人，很显然是性格偏外向的。

可以和陌生人交上朋友的人，性格外向。这些人是天生的社交专家，他们对社交很在行，他们和陌生人在一起也能一见如故地交谈，直至把陌生人发展为朋友。而这些能与陌生人一见如故的人，性格通常十分外向。他们无论在什么时候，无论遇见谁，都能保持十分的热情，总是远远地就对你打招呼，或是微笑摆手。他们因此也通常拥有许多朋友，这些朋友的性格、职业、年龄各不相同，这些都是他的交际能力的体现。而且，他们敢于与陌生人打交道，不怕被拒绝，也不怕受到冷落。这本身也说明他们的心理十分健康，一点都不自卑，反而自我感觉良好。另外，他们通常还有很好的口才，他们的口才足以吸引陌生人，令人无法拒绝他。他们在交际上也十分的主动。他们常常会主动与人搭讪，无论是熟人还是陌生人。或许，在他们心里，根本就没有熟人和陌生人的概念，他们认为这都是可以互相转变的，熟人不都是由陌生人转变而来的吗？所以，他们总是试图交到更多的朋友，总是试图把更多的陌生人转变为熟人。

而且，当他们与陌生人接触时，他们也常常没有丝毫的紧张羞怯。他们会很轻松地与对方交谈沟通，如果碰到性格比较内向的人，他们反而会把对方搞得很紧张、很羞怯。而有时如果碰到的陌生人也是一个性格十分外向的人，两人则能一见如故，像老朋友一样谈笑风生。这样的人，心态非常好，遇事也能灵活地采取相应的对策，他们觉得多一个朋友多一条路，多一个朋友总比多一个敌人好。

总之，如果我们碰到一个不爱主动和周围的人交往的人，只喜欢和身边的人交朋友的人，说明他是一个比较内向的人。而当我们在街头碰到主动与我们交谈示好又别无所图的人，我们就知道自己是碰上了一个性格十分外向的人。这两种人都值得我们交往。

可以和反对自己的人成为朋友，是心胸宽广的人

在日常生活中，我们都会喜欢那些喜欢我们的人，讨厌那些讨厌我们的人，这是人之常情。如果说，对方反对我们，我们还能够和他成为朋友，这是很难得的。一旦能够做到，必定

是心胸宽广的人。在对待反对自己的人的态度上，有的人很反感，有的人则很包容，有的人甚至会跟反对自己的人老死不相往来，但是，有的人则能够与反对自己的人交往，成为朋友。这样的人，必然心胸宽广。

我们说，可以和反对自己的人成为朋友，就是心胸宽广，这是因为，胸怀宽广意味着他能包容更多的东西，包括别人的反面意见。他不会像那些心胸狭隘的人，听了反对自己的意见就暴跳如雷，甚至不允许别人发表与他不同的意见。而胸怀宽广的人则会耐心地听别人的反对意见，如果别人反对的有错，他会尽力去向别人解释自己的意思，澄清其中的误会，如果别人反对的没有错，他则会尽力地去修正自己的观点。因此，他们不会斤斤计较，在他们心里，观点是观点，朋友是朋友，你可以不同意我的观点，但这并不妨碍我们做朋友。所以，他们对于常常反对自己的人，并没有什么反感，有时甚至希望找一个人来与自己辩驳，这样可能有助于自己的观点更加地完善，自己也能进步得更快。而且，他们认为，如果自己能够容得下别人的意见或是批评，也能真正得到别人的尊敬。

不过，无论心胸多么宽广的人，遇到特别反对自己的人，都不会微笑面对。但是，他们不会将这些带到人际关系中，不会因为别人有了反对的意见就不与别人往来。他们认为这样做只是一种小家子气的做法，而且对自己也无益。兼听则明，偏信则暗，他们深深懂得这个道理。为了完善自己，他们也会和反对自己的人成为朋友。所以，这样的人，是真正会审时度势的人。

因此，当我们在生活中遇到那些与反对自己的人，还能成为朋友的人，我们就可以初步肯定，这是个心胸宽广的人。而有的人却不是这样，他们偏偏喜欢和传播是非的人交朋友，和他们一起议论别人，打听别人的隐私，会让他们感觉很愉快。这样的人，一般情况下嫉妒心比较强。

我们都知道，传播他人的是非是一种很不好的行为。但偏偏有人热衷于此，他们在传播他人是非的时候，往往还会添油加醋。这样的人，通常是些胸怀狭窄、爱看热闹的人。可是，却有人喜欢与这种人交朋友，可见，愿意与他们交朋友的人，本身的心理也不是很健康，尤其是嫉妒心比较强。

喜欢和传播是非的人交朋友的人，嫉妒心强。他们不希望看到别人比自己好，容不得别人比自己好，因此，当他们听到别人的坏消息时，就会有一种说不出的愉悦，即便自己并不能从别人的坏消息中获得什么利益。而当他们听到别人的好消息时，心里就会很酸，就会嫉妒。所以他们喜欢与传播是非的人交朋友，热衷于从传播是非者口中听到别人的坏消息，或者是听到一些花边新闻。因此，他们的内心比较阴暗，他们不希望好的事情发生在别人的身上，总希望坏的事情发生在别人的身上，他们容不得一起毕业的同学比他们混得好。而喜欢传播是非的人也非常需要一个听众，来听自己散布的小道消息，所以两人在一起往往能够一拍即合，相见恨晚。不过，他们往往喜欢在传播是非的人口中听到别人的坏消息，当他们偶尔从传播是非者嘴里听到别人的好消息时，他们的心情就会变差，这都是因为嫉妒心强烈的原因。

总之，如果你见到一个人，可以和反对自己的人成为朋友，说明这个人是个心胸宽广的人。而如果一个人喜欢和传播是非的人交朋友，我们便可初步判断，这是一个嫉妒心比较强的人。前者当然值得我们结交，后者，我们还是敬而远之比较好。

能够对陌生人微笑，是开朗大方的人

我们小时候接受的教育是尽量不要跟陌生人说话，更别说是微笑。因此，如果有人能够对陌生人微笑，说明他是一个开朗大方的人。一般这种人，多是一些接受过高等教育，思维更加开阔，思想更加开放的人。

能够向陌生人微笑的人，在性格特征上比较开朗大方。在朋

友中，他们往往是最热情的。他们通常不会想太多，不怕遭到冷遇或白眼，或者说他们心里已经提前做好了遭到冷遇或白眼的准备。而一般人在面对陌生人时心里的想法就复杂得多了，他们不主动向陌生人微笑或开口，一是戒备心理比较强，二则是怕遭到对方的冷遇或白眼甚至辱骂，实际上通常不会有这样的情况发生。他们在对待陌生人的态度上也竭力表现出友善的一面，因为他们喜欢结交朋友，他们把“多一个朋友多一条路”当做信条，他们热衷于社交活动，所以他们愿意向陌生人微笑，并且希望把一个个的陌生人发展为自己的朋友，发展为自己的人脉关系。

因此，能够向陌生人微笑的人都是开朗大方的社交专家，他们的脑子里埋藏着深厚的社交意识，他们懂得怎样与人打交道，怎样跟人沟通。所以，当你在路上、地铁上或是在公园里，有陌生人对你微笑时，你不用怀疑他们是不是认错了人，也不用太过担心你是不是被坏人盯上了，或许，你遇到的只是一位喜欢对人微笑，喜欢交朋友的人。

和能够向陌生人微笑的人相似，有的人在交往中，会主动向人打招呼。这样的人，是想在人际关系中占主动。

在交往中，有人把先后打招呼也当做身份的象征——碰见比自已职位高、混得好的人就主动打招呼，碰见不如自己的人就昂着脸等着别人先打招呼。有些碰到熟人不愿主动打招呼的人会想：“大家都走在路上，凭什么他（对方）不先打招呼，而要我先打招呼呢?”而能够主动打招呼的人心里都不会这样想，他们甚至根本就不会想太多，开朗热情的天性让他们来不及多想就已经开口问好了。这样的人在人际关系方面总是占据主动地位，能够协调好复杂的人际关系，能够成为朋友当中的人际枢纽。所以，这些喜欢主动打招呼的人，见了熟人往往远远地就笑脸相迎，他们能够主动与他人沟通交流，主动去结交一些朋友，主动邀请他人一起出去游玩。这样的人心胸也比较开阔，他不会斤斤计较。

因此，在人际交往中，有的人特别热心，通常他远远地看到你就会跟你打招呼或挥手致意。这些人多为热情大方的人，他们在人际关系中常能占据主动。当你下次走在路上时，你可以观察一下，那些主动给你打招呼的人，多是平时性格开朗、心胸开阔、很有交际能力，且在人际关系中占据主动地位的人。

第三节　工作环境——个性的浓缩地带

费心在办公室照顾花卉的人体贴而好客

对现代人来说，在紧张的工作之余，养些花卉不仅能调节生活，放松心情，还有助于调节人体生理功能，稳定情绪，有益于身心健康。因此，喜欢种植花卉的人，是热爱生活，也注重自身健康的人。

如果是在办公室等公共场合费心照顾花卉的人，则是体贴而好客的。他们不仅在家里种植花卉，对于办公室的花卉也是悉心地照顾，说明他们内心是很善良的。对于一花一草都这么热心，对于人也是。所以，他们能够体贴别人，当对方遇到困难时，能够热心地帮助对方。他们也喜欢与人交往，会组织并参加集体活动，也欢迎别人到自己家里来做客。他们会热情地招待客人，给客人贴心的照顾，所以是真正好客的人。他们的心态也很好，遇到压力的时候，知道怎么排解，并且化压力为动力。他们内心也很阳光，凡事都看得比较开。他们还容易满足，就像花卉一样，有阳光有水，就能生机勃勃地开放。

美国旧金山有一家医院，专为一些慢性病人开辟了一片空地，让他们在此从事花草和蔬菜的种植。澳大利亚的一家诊疗所，根据病人的不同症状，让他们分别在田野里拔草、剪枝、施肥、松土、浇水。结果，这些病人康复得很快。

正如上面的故事中所讲，种植花卉，是对美的向往和追求。

各种花卉，不仅是美化生活的大使，给人以美和艺术的感受，更是改善环境、陶冶情操、增进健康的益友。所以，费心在办公室里照顾花卉的人，不仅注重自己的身心健康，还在帮助别人调节情绪，是善良而体贴的。

相反，如果一个人只喜欢鲜花而不去照顾花卉，则是非常冷漠的。他们只喜欢漂亮、灿烂的成果，而不去照顾和培养，说明他们很自私。他们对人也比较冷漠，不喜欢照顾别人。当别人有求于他们时，他们只想找借口推脱。而且，他们做事很急躁，不注重过程，只看重结果，而没有享受生活的心态。

总之，当人们置身于亲手种植的花草丛中时，看着绽开的朵朵鲜花，闻着沁人心脾的花香，在劳动中得到美的享受与喜悦，心情也会得到极大的安抚和放松。所以，那些不论是在家里，还是在办公室，都悉心照料花卉的人，是身心健康的人，也是体贴而好客的。

桌面零乱的人往往做事时没有条理

对于常常需要在桌上学习或办公的人来说，桌面所呈现出来的种种表象，可以反映主人的情绪状态和个性特点。

比如，有的人的桌面十分零乱，抽屉里也是乱七八糟。这样的人，一般缺少深谋远虑的智慧，不会把事情考虑得太周密，做事没有条理，更别说什么长远的计划。不过，他们待人往往相当热情，性格也很随和，是真诚而坦率的人。但他们做事，多凭一时的喜好和冲动，属于“三分钟热度”的人，很难长久地坚持某一件事。而且，他们生活态度虽积极乐观，但太过于随便，不拘小节，经常是马马虎虎、得过且过，有时候经常会忘记或者忽略一些重要的事。所以，这样的人工作能力较差，效率也较低，他们的逻辑思辨能力较差，缺乏足够的责任心。但是他们的适应能力比一般人要强。因为，他们的桌子和抽屉里都乱七八糟的，像是垃圾堆，如果要找一样东西，往往要把抽屉翻个遍，到最后可能还是找不到，所以，当他们遇到糟糕的事情时，也能够以最快的速度调整好心态。

不过，他们的各种文件资料总是这里放一些，那里也放一些，没有一点规则，而且轻重缓急不分，这样的人大多做起事来虎头蛇尾，没有头绪。他们的注意力常被一些其他的事情分散，从而无法集中在工作上，自然也很难有优异的成绩。他们也想改变自己目前的状况，但是自我约束能力很差，总是自我妥协，过后又不断自责，紧接着又会找各种理由来安慰自己。

而有的人，虽然桌面上收拾得很干净、整洁，但抽屉里却乱七八糟，这样的人虽然有足够的智慧，但往往不能脚踏实地地做事，喜欢耍一些小聪明，做表面文章。他们性格大多比较散漫、懒惰，为人处世并不十分可靠。从表面上看，他们有比较不错的人际关系，但实际上，他们内心很孤独。

还有的人，不管是桌面上还是抽屉里，都是整整齐齐的，各种物品都放在该放的位置上，让人看起来有一种舒服的感觉。这表明桌子的主人办事是极有效率的，他们的生活也很有规律，什么事都会办得井井有条。他们很懂得珍惜时间，能够精打细算地用空闲的时间来做更有意义的事情。他们多有一些很高的理想和追求，并且坚持不懈。但是他们习惯了依照计划做事，所以，对于一些意料之外发生的事情，常常会感到不知所措。在这一方面，他们的应变能力显得稍微差一些，当遇到突然的变故时，往往会令他们措手不及。而且，这样的人虽然可以把分内的工作做得很好，但墨守成规，缺乏冒险精神，所以不会有什么开拓和创新。

值得一提的是，有的人喜欢在抽屉里放一些具有纪念意义的物品。这样的人，多是比较内向的。他们不太善于交际，所以朋友不多，但仅有的几个却是终生不渝的。他们很看重和这些人的感情，所以会分外珍惜。他们有一些怀旧情结，总希望留下一些美好的回忆。但他们比较脆弱，容易受到伤害，而且做事也缺少足够的恒心和毅力，常常不敢面对困难和挫折。

下班后的桌子可以看出心情转换的能力

忙碌了一天，都很累了，下班后，大家都会比较迅速地收拾东西回家。因此，通过下班后的桌子，也可以看出桌子主人的性格，以及心情转化的能力。

比如，下班后，一些人会把桌子整理得干干净净。这说明这些人心情转化的能力很强。他们的思想很清楚、很明快。下班了，就要把事情处理好，轻松地回家。也说明这样的人，对于什么事都比较淡泊，对周围的环境能够迅速地适应以及应对。如果他们整理的速度还比较快，说明他们想早点脱离工作，想尽快放松一下自己。并且，不喜欢上班占用自己的私人时间，公私分明。上班，就会努力工作，争取效率；下班，就要迅速回家，和家人在一起。另外，能够把桌子收拾得干干净净，说明他们也有很好的生活习惯，喜欢干净、整洁，做事也比较干净利索。不过，他们比较在意别人的目光，不想给别人留下不好的印象，哪怕是以后再也不会见到的陌生人。他们也比较爱面子，如果你指出他们的缺点或错误，会使他们觉得非常丢脸，并且对你产生很深的成见。而且，让他们说出内心的想法也比较困难，他们不喜欢对别人敞开心扉。

有的人在下班后，只是把桌子简单地整理一下。他们觉得下班之后直接走人不太好，桌子应该整理一下，所以他们开始整理。但是他们又觉得整理干净很麻烦，于是只会大概整理一下。这样的人，也非常在意别人的目光。因为将桌子打扫得干干净净的人，有可能是因为自己内心非常爱整洁，并不是特别在乎别人的看法。但是，简单整理一下桌子的人，只是因为顾忌别人的目光。而且，他们也容易依照别人的意思做事，所以能和周围的人保持不错的人际关系。

不过，因为他虽然想整理桌子，但是整理得又不认真，说明他们有半途而废的性格。他们觉得彻底做一件事是很辛苦的，虽然开始会觉得这样做是对的，但是干一会儿就会坚持不下去，于是想，大概差不多就行了。所以这样的人，没有定性，对自己也太过纵容。也是因为做事的不彻底，让他们很难放开心胸与人交往。即便是他尽量放开心胸与人相处了，也会因此感到不安。

有的人在下班后，根本不整理桌子，而且进行到一半的工作，也会放下来不做。这样的人，很讨厌整理桌子。如果他们的东西是应该整理的，而他没有整理，说明他是一个不太爱整洁的人，并且比较健忘。如果你和他约好了见面时间，一定要不停催促他，否则他不会准时赴约。如果他是故意不整理的，把进行了一半的工作放在桌子上，这样明天来了就可以直接继续工作，说明他对工作很努力，而且不会在意别人的眼光，只做自己认为对的事。

办公桌上摆放家人照片的人，家庭观念较强

办公室是一个人每天办公的地方，我们每天至少有 8 个小时在这里度过。因此，我们办公桌上摆放的物品，就显得尤为重要。通过人们在办公桌上摆放的物品的不同，可以判断桌子的主人具有怎样的性格。

比如，有的人会在办公桌上摆放家人的照片，这说明他有极强的家庭观念。这里要区分，摆在家里的照片和摆在办公桌上的照片。家里的空间不受限制，人们想放多少放多少，也没有顾忌，什么样的照片都可以。但是在办公室里就不同了，位置有限，还要顾忌别人的目光。此时，能够有勇气将自己家人的照片放在办公桌上的人，一定是非常热爱自己的家庭的。他时时刻刻想着自己的家人，有着很强的家庭观念，所以，才会在办公桌上摆放家人的照片。

当然，除了摆放家人的照片，他们也可以摆放其他的照片。比如，他们可以摆放自己和某位知名人士的合影，这说明他们

有很强的虚荣心，喜欢表现自己；他们也可以摆放自己的独照，这很容易看出来他们有强烈的自恋情结；他们可能还会摆放自然风景的照片，这说明他们很期待生活在风景优美的大自然中。

在办公桌上，当然不可能只摆放照片，所以人们也可以有不同的选择。通过不同的摆放物品，也可以看出这个人的性格。

比如，书籍是办公桌上少不了的物品。如果一个人的办公桌上没有一本书，只能说明这个人是非常不专业的。当然，大部分的桌子上是有书的，那么，可以根据桌子上摆的是什么书，初步确定桌子的主人的爱好。简单地举例，如果他摆放的是专业书籍，证明他很热爱自己的工作，并且努力钻研，想在工作上有所突破；如果他的桌子上摆满了精装本的世界名著，而且基本上没有翻过，只能说明这个人是喜欢派头的人；如果他的桌子上摆放的是一些与工作和提高个人能力无关的书，只能说明此人不热爱自己的工作，心有旁骛。

当然，办公桌上肯定少不了办公用品。此时，你就要观察他的办公用品都是什么档次的，因为办公用品的档次，不仅可以说明公司的实力，也可以看出个人的品位。而且，他的办公用品摆放整齐吗？他的桌面是凌乱不堪，还是井然有序？如果他的办公用品都杂乱地放在一起，很容易看出这是一个在生活上比较散漫的人。

还有的人，会在办公桌上摆放日历。日历的摆放，很容易看出桌子的主人对时间很珍惜，而且，对自己的事很有计划性。并且，日历的材质和画面的背景，也可以从侧面推出一个人的性格。比如，是精致的材质，还是免费赠送的日历？画面的背景是美女还是风景？追求卓越的人，对细节也要求精美，因此，他们不会用赠送的附带广告的日历，而且，根据自己的喜好，购买他们喜好的日历。而用免费赠送的日历的人，很明显是大大咧咧的豪放派，不管好坏，能用就行了。

使用高档通讯录的人，多小心谨慎

人是社会化的产物，人的一生中总会和很多人保持着一定的联系，而这些人的联系方式除了记在头脑里以外，为了以防万一，还会记在通讯录上。因此，通讯录几乎是很多人都具备的，尤其是在工作中，通讯录的作用更是不可缺少。而且，一个人对通讯录持什么样的态度，这在一定程度上是由一个人的性格所决定的。

比如，有的人喜欢使用相对昂贵的通讯录。使用昂贵通讯录的人，他们的生活态度是严谨小心的，与人交往是有建立长久关系的意愿，一旦有谁真正进入到他们的生活中，就会真心对待，给予足够的尊重，这种感情尤其是在紧要关头，会淋漓尽致地表现出来，这时候，他们是最可靠的。而且，他们会珍藏自己的通讯录。这样的人，不仅把同学、朋友、同事看得很重，而且这类人还比较注重人与人之间的感情。即使他们身边的人不停地变换，但是他们都希望能够留住大家曾经在一起的美好时光，所以在情感上这种人比较怀旧，在爱情上他们大多都会对以往的恋人念念不忘。因此，这些一直保留旧的通讯录的人，比较重感情，比较怀旧，即使是彼此之间的感情已经结束了，也不会放弃他们，因为他想在自己的记忆中保留一份美好的回忆。

在工作方面，他们也总是会保持清醒的头脑，他们很了解自己的能力，他们懂得，无论什么事情不可能凭借一己之力就能做好，只有集中大家的智慧，通过别人的帮助，自己才可能把一件事做得更加完美。但是由于社会上什么样的人都有，他们很可能会因为盲目信赖一些人而被人辜负，但这些经历并不能阻止他们对别人的信任和依赖。在爱情方面这种人一般属于特别痴情的一类人，但是他们的痴情并不能改变他人，所以这种人常常会成为爱情中的苦情派，深爱一个人，却永远得不到对方的怜爱。

相反，有的人喜欢使用比较便于携带的通讯录。这表明他们在很多方面都不是特别的讲究。他们多是随随便便的人。这一类型的人非常实际，什么东西对自己有用的时候就保存，没有用的时候就丢弃。在与人相处中，他们不喜欢强求的友谊，同样他们也不希望会被对方记住或珍惜，他们更喜欢新朋友、新同事，所以这种人的朋友不少，却缺少知己。

有的人每年都要更换一回通讯录，这说明他是一个非常注重实际的人，谁对自己的帮助大，谁对自己的帮助小，他们自己在心里往往有数，分得很清楚。他们很实际，有时候做事一点儿情面也不留，让他人无法接受。可是在另一方面，他们又是比较仗义的，对和自己同属一条战线的人能够为之付出，与此同时，也会有人情愿为他们付出。

有的人使用抽取式的通讯录，这说明他们的社交范围是相当广的，他们认识很多很多的人，所以必须要以最快的速度为这些人找个落脚的地方。他们大多很繁忙，时间表安排得满满的，但他们做事的效率又很高，大多数情况下心态也比较平和。

有的人习惯用铅笔在通讯录上记录，表明这些人不容易相信对方的。他们之所以用铅笔记录与人联系的方式，多是对对方持怀疑态度，如果有什么事情证实自己的怀疑是有一定根据的，他们可能很快就会将这个人在通讯录上删去，断绝来往。

有的人使用皮夹或皮包型的通讯录，这表明他们的性格不是特别坚强，缺乏必要的安全感，总是想得到他人的关心和帮助，只有这样，才会使他们的情绪稳定下来。他们比较内向，并不太轻易地与陌生人交往，他们与之交往的一些人，多是一些比较亲近的人。

还有的人根本就没有通讯录，他们总是把通讯录和联系方式随便乱放。这样的人生活常常是一团糟的，他们的任何东西都是没有规律的，组织能力和自我约束能力也很差。但他们大多都有较聪慧的头脑，在某一方面有一定的专长，有非凡的创造力和想象力，所以很可能会做出一些重大的成就。

提升篇

瞬间了解他人的心理策略

第一章

洞悉心理，赢得好感与支持

第一节　洞悉人性，满足他人的心理需求

让出谈话的主动权，满足他人的倾诉欲

有人说："不肯留神去听人家说话，这是不能受人欢迎的原因的一种。一般的人，他们只注重于自己应该怎样说下去，绝不管人家要怎样说。须知世界上多半是欢迎专听别人说话的人，很少欢迎自己说话的人。"

很多人在生活中常易犯一个毛病：一旦打开话匣子，就难以止住。其实，这种人得不偿失，因为话说得多了，既费精力，给他人传递的信息又太多，还有可能伤害他人；另外，无法从他人身上吸取更多的东西，因为他们总是不给别人机会。其实，每个人天生都有一种渴望倾诉的心理，希望能够畅快地表达自己，希望有人能够安静地听自己说话。在与人交谈的过程中，我们应该随时关注人们的这种心理，学会做一个认真的倾听者，让出谈话的主动权，满足他人的倾诉欲。

与人交谈时要暂时忘记自己，不要老是没完没了地谈个人生活、自己的孩子、自己的事业。你要在交谈中给对方发表意见的机会，可以尽量去逗引别人说他自己的事情，同时，你以充满同情和热诚的心去听他的叙述，一定会让对方高兴，给对方留下最佳的印象。

如果有几个朋友聚在一起谈话，当中只有一个人口若悬河，其他人只是呆呆地听着，这不就成为他的演讲会，让在场的其他人感到无可奈何和愤怒。每个人都有着自己的发表欲。小学生对老师提出的问题，争先恐后地举起手来，希望教师让自己回答，即使他对于这个问题还不是彻底地了解，只是一知半解地懂了一些皮毛，还是要举起手来的，也不在乎回答错误要被同学们耻笑，这就说明人的表现欲是天生的，因为小学生远不如成年人有那么多顾虑。成人们听着人家在讲述某一事件时，虽然他们并不像小学生那样争先恐后地举起手来，然而他的喉头老是痒痒的，他恨不得对方赶紧讲完了好让他讲。

阻遏别人的发表欲，人家一定不高兴，你在此情况下很难得到别人的认同，为什么要做这样的傻事呢？你不但要让别人有发表意见的机会，还得设法引起别人说话的欲望，使人家感觉到你是一位使人欢喜的朋友，这对一个人的好处是非常之大的。

在与人交谈的过程中，与其自己唠唠叨叨地说废话，还不如爽爽快快，让别人去说，反而会得到意想不到的结果。如果能够给别人说话的机会，你就给别人留下了一个好印象，以后，别人就会更愿意与你交谈了。

能说会道的人很受欢迎，而善于倾听的人才真正深得人心。话多难免有言过其实之嫌，或者被人形容夸夸其谈。静心倾听就没有这些弊病，倒有兼听则明的好处。用心听，给人的印象是谦虚好学，是专心稳重，诚实可靠。所以，有时候用双耳听比说更能赢得他人的认可和赞誉。

别人得意之事挂在嘴上，自己得意之事放在心里

虚荣心人人都有，是人类天性的一部分，每个人都喜欢炫耀自己的成绩，引起别人的注意。一方面，我们在人际交往的过程中，要学会洞悉他人的虚荣心理，多说说别人得意的事情，

不失时机地满足对方的虚荣心；另一方面，要尽量把自己的得意事放在心里，别伤害了对方的虚荣心，尤其是别人失意时，更要注意维护对方的心理。聪明人会将自己的得意放在心里，而不是放在嘴上，更不会把它当做炫耀的资本。当你和朋友交谈时，最好多谈他关心和得意的事，这样可以赢得对方的好感和认同，从而加深你们之间的感情。

小柯刚调到市人事局的那段日子里，几乎在同事中连一个朋友也没有，他自己也搞不清是什么原因。原来，他认为自己正春风得意，对自己的机遇和才能满意得不得了，几乎每天都使劲向同事们炫耀他在工作中的成绩。但同事们听了之后不仅没有人分享他的“得意”，而且还极不高兴。后来，还是他当了多年领导的老父亲一语点破，他才意识到自己的症结到底在哪里。以后，每当他有时间与同事闲聊的时候，总是谈论对方的得意之事，久而久之，同事们都成了小柯的好朋友。

诚然，人在得意时都会有张扬的欲望，都想及时地把得意的事和大家分享，以显示自己的优越感，但是当你想谈论你的得意时，要注意说话的场合和对象。你可以在演说的公众场合谈，对你的员工谈，享受他们投给你的钦羡目光，也可以对你的家人谈，让他们以你为荣，引以为豪，但就是不要对失意的人谈。因为失意的人最脆弱，也最敏感，更容易触发内心的失落感。你的每一句得意之言都会在他心中形成鲜明的对比，你的谈论在他听来都充满了嘲讽的味道，让失意的人感受到你“看不起”他。

一个周末，晓楠约了几个要好的朋友来家里吃饭，这些朋友彼此都是很熟悉的。晓楠把他们召集到一起，主要是想借着热闹的气氛，让一位目前正处于人生低潮的朋友心情好一些，希望他早点从心情的低谷中走出来。

这位朋友在不久前因经营不善，关了一家公司，他的妻子也因为不堪生活的重负，正与他谈离婚的事。内外交迫，他实在痛苦极了，对生活也失去了信心。

来吃饭的朋友都很同情这位朋友目前的遭遇，也非常理解他现在的心情，因此大家都避免去谈那些与事业有关的事。但是其中一位朋友因为目前生意好，赚了很大一笔钱，按捺不住内心的喜悦，酒一下肚就忍不住开始大谈他的赚钱本领和花钱功夫，那种得意的神情，连晓楠看了都很不舒服。那位失意的朋友沉默不言，心中的苦涩全写在脸上了，一会儿去拿东西，一会儿去抽烟，最后还是提早离开了。晓楠送他出去，在巷口，他愤愤地说："那家伙会赚钱也不必在我面前说得那么神气。"

晓楠了解他的心情，因为在多年前她也碰过低潮，曾经对生活绝望，每次有正风光的亲戚、朋友在她面前炫耀自己的薪水、奖金，那种感受就如同把针一枚枚插在心坎一般，说不出的心酸与痛苦。

一般来说，失意的人较少具有攻击性，郁郁寡欢、沉默寡言、多愁善感是最普遍的心态，但别以为他们只是如此。当他们听你的得意言论后，他们普遍会产生一种心理——怨恨。这是压抑在内心深处的不满，你说得唾沫横飞、得意忘形，其实，不知不觉中已在失意者心中埋下一颗情绪炸弹。一般情况下，失意者对你的怀恨不会立即显现，因为他无力显现，但他会通过各种方式来泄恨，比如说你坏话、扯你后腿、故意与你为敌，在暗地里给你下套，主要目的则是——看你得意到几时，而最明显的则是疏远你，避免和你碰面，这样你就少了一个朋友，其他的朋友甚至也会孤立你，这样的结果得不偿失。

自己的得意事放在心里，别人的得意事挂在嘴边，只有铭记这一点，才不会被人讨厌，才有可能真正被人接纳，找到成事的"切入点"，让自己的人生多一条坦途，少一分牵绊。

任何时候都要维护他人的自尊

每个人都有自尊，都渴望得到别人的尊重。人与人之间虽然在财富、地位、学识、能力、肤色、性别等许多方面各有不同，但在人格上是平等的。维护自己的自尊是每个人最强烈的愿望，在人际交往中，我们如果伤害了别人的自尊，对方就很有可能千方百计地伤害我们的自尊；而如果我们维护了别人的自尊，别人也会反过来回报我们对他的尊重。

余伟是一家食品店的老板，他的一名店员经常粗心大意地把商品的价格标签贴错，并由此引起了混淆和顾客的抱怨，余伟每次批评他，但还是屡屡犯错。最后，余伟把这名店员叫进了办公室，任命他为价格标签的主管，负责将整个食品店货物架子上的标签都贴在合适的位置上。新头衔和职责让他的工作态度发生了彻底的改变，从此以后，他做的工作都很令人满意。

许多人自尊心非常强，不到万不得已不轻易求人。因为一旦乞求别人的帮助就意味着自己是弱者而对方是强者，自己受别人的恩惠，就要看人家的脸色，在别人面前气短三分。正因为如此，我们在为别人提供帮助时，也要考虑自己的说话办事的方法，不要伤及对方的尊严，才能使他真正得到帮助。否则人情没有做成，反而招人埋怨。

一位女士讲述了她祖父的故事。

当年祖父很穷，冬天来了，他没有钱买木柴，就去向一个富人借钱。富人爽快地答应借给他两块大洋，很大方地说："拿去花吧，不用还了！"

祖父犹豫了一下，还是接过钱，小心翼翼地包好，就匆匆往家里赶。富人冲他的背影又喊了一遍："不用还了！"

第二天大清早，富人打开院门，发现门口的积雪已被人扫过了。他在村里打听后，得知这事是借钱的人干的。

富人想了想，终于明白了：自己昨天的举动是给别人一份施舍。于是他让借钱人写了一份借条，约定以扫雪来偿还借款。

祖父用扫雪的行动提醒富人，任何人都有尊严。可见，即使是在帮助别人的过程中，也要考虑对方的感受，不要一副“施舍”的姿态，否则一片好心反而遭来怨恨，得不偿失。

由此可见，无论我们与什么身份、什么地位的人打交道，都要随时注意维护他人的自尊，这样才能赢得别人的尊重，避免不必要的麻烦和损失。

让别人感觉他比你聪明

装傻是一种人生大智慧。每个人都希望比别人显得更聪明，装傻可以满足这种心理。他会感觉自己很聪明，至少比你聪明一些。一旦他意识到这一点，他将再也不会怀疑你可能有更加重要的目的。

在一个小镇上，有一个孩子，人们常常捉弄他。其中最为乐此不疲的一个游戏是挑硬币，他们把一枚 5 分硬币和一枚 1 角硬币丢在孩子面前，他每次都会拿走那个 5 分的。于是大家哈哈大笑，感叹一番“真傻”“傻得不可救药”等等。

一个女教师偶然看到了这一幕，心中非常难过，她为那些没有同情心的人感到可悲。她把那孩子拉到一边，对他说：“孩子，你难道不知道 1 角钱要比 5 分钱多吗？为什么要让人家嘲笑你呢？”

出乎意料的事发生了，孩子双眼闪出灵动的光芒，他笑着说：“当然知道！可是如果我拿了那 1 角钱，以后就再也拿不到那许多的 5 分钱了。”

这个孩子正是那种貌似愚钝、内心聪明的人，他的傻只是一种伪装，那些肤浅的人们在嘲笑他的同时，却扮演了被愚弄的角色。谁聪明谁傻，从表面上是看不出的，真正的聪明人往往不是光彩外露的。在纷繁复杂、变幻莫测的世界上，那些智者不得不故意装憨卖傻，以一副糊涂表象示之于众人。然而也唯有如此，方称得上有“大智慧”，是“大聪明”。装傻是大智若愚、大巧若拙，是为人处世的大艺术，是保全自我的好方式。

有的人外表似乎固执守拙，而内心却世事通达、才高八斗；有的人外表机敏精灵，而内心却空虚惶恐、底气不足。

人生是个万花筒，一个人在复杂莫测的变幻之中要用足够的聪明智慧来权衡利弊，以防失手于人。但是，有时候不如以静观动，守拙若愚。这种处事的艺术其实比聪明还要胜出一筹。聪明是天赋的智慧，装傻是后天的聪明，人贵在能集聪明与愚钝于一身，需聪明时便聪明，该装傻时装傻，随机应变。

老子自称“俗人昭昭，我独昏昏；俗人察察，我独闷闷”，而作为老子哲学核心范畴的“道”，更是那种“视之不见，听之不闻，搏之不得”的似糊涂又非糊涂、似聪明又非聪明的境界。人依于道而行，将会“大直若屈，大巧若拙，大辩若讷”。庄子说：“知其愚者非大愚也，知其惑者非大惑也。”人只要知道自己的愚和惑，就不算是真愚真惑。是愚是惑，各人心里明白就足够了。圣贤将“装傻”上升到哲学的高度，其中的深意耐人寻味。

不把别人比下去，不被别人踩下去

每个人都难免有一些嫉妒心，你太优秀、太耀眼，难免刺伤别人的自尊和虚荣。想想看，当你将所有的目光和风光都抢尽了，却将挫败和压力留给别人，那么别人在你的光芒的压迫之下，还能够过得自在、舒坦吗？要知道，一个人锋芒太盛了难免刺伤他人。在名利场中，要防止盛极而衰的灾祸，必须牢记“持盈履满，君子竞竞”的教诫。有才却不善于隐匿的人，往往招来更多的嫉恨和磨难。

唐人孔颖达，字仲达，八岁上学，每天背诵一千多字。长大后，很会写文章，也通晓天文历法。隋朝大业初年，举明高第，授博士。隋炀帝曾召天下儒官，集合在洛阳，令朝中士与他们讨论儒学。孔颖达年纪最小，道理说得最出色。那些年纪大、资深望高的儒者认为孔颖达超过他们是耻辱，便暗中刺杀他。孔颖达躲在杨志感家里才逃过这场灾难。到唐太宗，孔颖达多次上诉忠言，因此得到了国子司业的职位，又拜酒之职。太宗来到太学视察，命孔颖达讲经。太宗认为讲得好，下诏表彰他，但后来他却辞官回家了。

南朝刘宋王僧虔，是东晋名士王导的孙子，宋文帝时官为太子庶子，武帝时为尚书令。年轻的时候，王僧虔就以擅长书法闻名。宋文帝看到他写在扇面上的字，赞叹道："不仅字超过了王献之，风度气质也超过了他。"当时，宋孝武帝想以书名闻天下，王僧虔便不敢显露自己的真迹。大明年间，他曾把字写得很差，因此平安无事。

当你把别人比下去，就给了别人嫉妒你的理由，为自己树立了敌人。所以，在与人逞强之前请先三思。

如果你确实有真才实学，又有很大的抱负和理想，不甘于停留在一般和平庸的阶层，那么，你可以放开手脚大干一场，但有一点，你必须时刻提防周遭人的嫉妒。

要想使自己免遭嫉妒者的伤害，你需要注意自己的言行，尽量不要刺激对方的嫉妒心理。对于你周围的嫉妒者，可回避而不宜刺激。同事的嫉妒之心就像马蜂窝一样，一旦捅它一下，就会招来不必要的麻烦。既然嫉妒是一种不可理喻的低层次情绪，就没必要去计较你长我短、你是我非，更不必针锋相对，非弄个水落石出、青红皂白不可。须知，这不是学术讨论，更不是法庭对峙，你的对手不会用逻辑、情理或法律依据与你争锋的。

事实上，嫉妒之人本来就不是与你处在同一档次上，因而任何据理力争都会使你吃亏，浪费时间，虚掷精力，最佳的应对方式是胸怀坦荡、从容大度。对嫉妒者的种种雕虫小技，完全可以视若不见、充耳不闻，以更为出色的成绩来证实自己的实力。

成全别人好胜心，成就自己获胜心

人人都有自尊心，人人都有好胜心，若要联络感情，应处处重视对方的自尊心，因为重视对方的自尊心，必须抑制你自己的好胜心，成全对方的好胜心。若能做到这一点，在危险中你将可以保全自己，在竞争中你将更容易获胜，在日常与人相处中你将获得好人缘。

汉初良相萧何，今江苏沛县人，曾任沛县主吏掾、泗水郡卒史等职，持法不枉害人。秦末随刘邦起兵反秦，刘邦进入咸阳，萧何把相府及御史府的法律、户籍、地理图册等收集起来，使刘邦知晓天下山川险要、人口、财力、物力的分布情况。项羽称王后，萧何劝说刘邦接受分封，立足汉中，养百姓，纳贤才，收用巴蜀二郡的赋税，积蓄力量，然后与项羽争天下。为此深得刘邦信任，被任为丞相。他极力向刘邦举荐韩信，认为刘邦要取得天下非用韩信不可。后来韩信在楚汉战争中的才干证明萧何慧眼识人。楚汉战争中，萧何留守关中，安定百姓，征收赋税，供给军粮，支援了前方的战斗，为刘邦最后战胜项羽提供了物质保证。西汉建立后，刘邦认为萧何功劳第一，封他为侯，后被拜为相国。萧何计诛了韩信后，刘邦对他就更加恩宠，除对萧何加封外，刘邦还派了一名都尉率五百名士兵作相国的护卫。

当天，萧何在府中摆酒庆贺。有一个名叫召平的人，穿着白衣白鞋，进来对萧何说："相国，您的大祸就要临头了。皇上在外风餐露宿，而您长年留守在京城，您既没有什么汗马功劳，又没有什么特殊的勋绩，皇上却给您加封，又给您设置卫队，这是由于最近淮阴侯在京谋反，因而也怀疑您了。安排卫队保卫您，这可不是对您的宠爱，而是为了防范您。希望您辞掉封赏，再把全部私家财产都捐给军用，这样才能消除皇上对您的疑心。”

萧何听从了他的劝告，刘邦果然很高兴。同年秋天，英布谋反，刘邦亲自率军征讨。他身在前方，每次萧何派人输送军粮到前方时，刘邦都要问：“萧相国在长安做什么？”使者回答，萧相国爱民如子，除办军需以外，无非是做些安抚、体恤百姓的事。刘邦听后总默不作声。使者回来后告诉萧何，萧何也没有识破刘邦的用心。

有一次，偶然和一个门客谈到这件事，这个门客忙说：“这样看来您不久就要被满门抄斩了。您身为相国，功列第一，还能有比这更高的封赏吗？况且您一入关就深得百姓的爱戴，到现在已经十多年了，百姓都拥护您，您还在想尽办法为民办事，以此安抚百姓。现在皇上所以几次问您的起居动向，就是害怕您借关中的民望而有什么不轨行动啊！如今您何不贱价强买民间田宅，故意让百姓骂您、怨恨您，制造些坏名声，这样皇上一看您也不得民心了，才会对您放心。”

萧何说：“我怎么能去剥削百姓，做贪官污吏呢？”门客说：“您真是对别人明白，对自己糊涂啊！”萧何又何尝不知道这个道理，为了消除刘邦对他的疑忌，只得故意做些侵夺民间财物的坏事来自污名节。不多久，就有人将萧何的所作所为密报给刘邦。刘邦听了，像没有这回事一样，并不查问。当刘邦从前线撤军回来，百姓拦路上书，说相国强夺、贱买民间田宅，价值数千万。刘邦回长安以后，萧何去见他时，刘邦笑着把百姓的上书交给萧何，意味深长地说：“你身为相国，竟然也和百姓争利！你就是这样‘利民’啊？你自己向百姓谢罪去吧！”刘邦表面让萧何自己向百姓认错，补偿田价，可内心里却窃喜。对萧何的怀疑也逐渐消失。

刘邦身为开国皇帝，自是不希望臣子的威信高过自己。萧何采纳了门客的建议成功地保全了自己。

人们在人际交往中也是如此，每个人都有好胜心，懂得成人之美，是一种双赢、皆大欢喜的智慧。

灵活变通，避开敏感处不得罪人

灵活变通，避开不想面对的敏感处，模糊应对，有时也不失为一种好方法。

推销员一进门，就迎出来一个白发老头儿。

青年推销员恭恭敬敬地鞠了一躬。"喔，喔，可回来了！你毕竟是回来了。"

老头儿脱口而出："老婆子快出来。儿子回来了，是洋一回来了。很健康，长大了，一表人才！"

老太太赶紧出来了，只喊了一声："洋一！"就捂着嘴，眨巴着眼睛，再也说不出话来。

推销员慌了手脚，刚要说"我……"时，老头儿摇头说："有话以后再说。快上来，难为你还记得这个家。你下落不明的时候才小学六年级，我想你一定会回来，所以连这个旧门都一直没有修理，不改原样，一直都在等着你呀。"

推销员实在待不下去了，便从这一家跑了出来，喊他留下来的声音始终留在他的耳边。

"大概是走失了独生子，悲痛之余，老两口都精神失常了吧？倒怪可怜的。"他想着想着回到了公司，跟前辈谈这件事。

老前辈说："早告诉你就好了。那是小康之家，只有老两口。因为无聊，所以经常这样捉弄推销员。"

"上当了！好，我明天再去，假装是儿子，来个顺水推舟，伤伤他们的脑筋。"

“算了吧，这回又该说是女儿回来了，拿出女人的衣服来给你穿。结果，你还是要逃跑的。”

在生活中，有时会遇到麻烦的事。比如事例中用装傻的手段对付难缠的推销员，不失为一种高明的手段，人际场上，很多人都特别擅长这种模糊迂回的圆融之道。在日本有这样一个故事，很能给人启发：

一位名叫宫一郎的青年去拜访广源先生，想将一块地产卖给他。

广源听完宫一郎的陈述后，并没有作出“买”或者“不买”的直接回答，而是在桌子上拿起一些类似纤维的东西给宫一郎看，并说：“你知道这是什么东西吗?”他似乎瞬间忘记了宫一郎上门的目的。

“不知道。”宫一郎回答。

“这是一种新发现的材料，我想用它来做一种汽车的外壳。”广源详细地向宫一郎讲述了一遍。广源先生共讲了 15 分钟之多，谈论了这种新型汽车制造材料的来历和好处，又诚恳地讲了他明年的汽车生产计划。广源谈的这些内容宫一郎一点也听不懂，但广源的情绪感染了宫一郎，他感到十分愉快。在广源送宫一郎时顺便说了一句：“不想买那块地。”

广源的高明之处在于他没有一开始就回拒宫一郎。如果那样，宫一郎就一定会滔滔不绝地劝说他买那块地。而广源采取了回避的态度，装作好像根本没听懂宫一郎的话，没有给他劝说的时间，在结束谈话时轻轻一拒，不失为高明之法。

社交应酬是一个非常广泛的领域，我们所接触的人物当然也是形形色色。于是，很多情景或事情的发生都可能不在我们的预料之中。其中，敏感性话题的突然出现，就是一个令很多人都感到棘手的难题。这种情况下，就可以灵活处理，既不伤害他人，也避免不必要的麻烦。

发现他人优点，巧妙赞美

孔子言："乐道人之善。"孟子戒："勿言人之不善。"也就是说，人们要乐于说出别人的好处、益处，不要说人们的坏处。虽然时逾千年，这仍然是人们待人处世的良好经验和准则。

日常生活中，有些人一说起别人的缺点、毛病，总是滔滔不绝、绘声绘色，甚至当着当事人的面也会毫无顾忌地数落、指责。但对别人的优点长处，却常常视而不见，更不愿给人鼓励和赞美。他们有一种看自己"一朵花"，看别人"一块疤"的心理。

而事实上，生活中的每个人都渴望得到周围人的认可，渴望别人的赞美和鼓励。真正的处世高手，都深谙乐道人之善的道理，即使对方是"一块疤"，他们也能巧妙地把对方夸成"一朵花"，从而使对方心情愉悦，愿意与自己互相往来，乐于为自己效劳。这也正是为人处世的法宝。

甲、乙两个猎人，各猎了两只兔子回来。甲的妻子看见后冷漠地说："你一天只打到两只小野兔吗？真没用！"甲猎人听到后很不高兴，心里埋怨起来，你以为很容易打到吗？第二天他故意空手而回，让妻子知道打猎是件不容易的事情。

相反，乙猎人回到家后，他的妻子看到他带回了两只兔子，欢天喜地地说："你一天打了两只野兔，真了不起！"听到赞美，乙猎人满心喜悦，心想两只算什么，结果第二天他打了四只野兔回来。

社会是由各种各样的人组成的，这些人都有不同的思想性格、兴趣爱好与生活习惯。有的人热情开朗，有的人沉静稳重，有的人性子急躁，有的人心胸狭窄。但是不管他们是哪种人，都喜欢被别人认可和赞美。上至古稀老人，下至三岁孩童，在内心最强烈的渴求就是自尊，就是得到人们的重视。

学会“乐道人之善”，与人相处时，要能看到对方的优点和长处，即使对于不喜欢的人，也不要抱有个人的成见和看法，只见“乌云”不见“太阳”。无论是对待同事、朋友、亲人，还是萍水相逢的陌生人，要多发现他们的长处，多学他们的优点，不能看自己是“一朵花”，看别人就是“满身疤”。我们经常会见到这样一种人：他对自己所做的工作一点一滴都记在心头、挂在嘴上，挑别人的毛病也绝无遗漏，说起来如数家珍。而对自己的毛病、别人的长处，则一概缄口不语。这种人往往为人们所不齿，被称为“不团结因子”。

“乐道人之善”，一方面要注意不能因为自己比别人做的工作多一点或能力强一点，就沾沾自喜，瞧不起别人；另一方面还要善于发现别人的优点、长处，对他人的工作成绩多加褒扬。这样，不仅显示出了自己虚怀若谷的风度，有益于团结，而且对自己的成长与进步也会大有好处。当然，对别人应该实事求是、恰如其分地赞美，如果不顾事实或夸大事实，效果可能会适得其反。

那么，从现在开始，与人交往的时候，请不要再吝啬你的美言了！

强者也要示弱，更好地处理人际关系

强者有时也要示弱，这样才能更好地处理好人际关系。要知道作为弱者的一方，他心里希望看到强大的对手遭遇挫折。所以，作为强者来说，在某些时候，某些场合假装踢到“铁板”喊脚痛，收剑一下自己的锋芒，也是很有必要的。

张某和李某两人是大学同班同学，两人无话不谈，彼此都没有秘密，因此班上同学说他们俩是“难兄难弟”，而他们俩也以彼此间的友情而自豪，并且相当珍惜。大学毕业后，两人仍然保持联系。几年过后，两人的工作分别换了，也先后结了婚，仍然来往频繁。

后来张某一度落魄，李某则不时给予温情。

过了五六年，张某东山再起，站在一个李某根本无法企及的位置。但自此之后，两人关系淡了，张某找李某，李某总是借故逃避。为什么如此？张某十分纳闷儿。

张某和李某在校时感情甚好，步入社会时仍能维持一定的关系，原因有两个：

1. 两人出身背景相近，彼此都感受不到对方的压力，因此能融洽相处。如果两人中一为豪门世家，一为寒门子弟，恐怕就不是这个样子。

2. 初入社会，彼此成就差不多，压力尚未形成，因此还能维持相处的热情。不过，人是好比的，比的目的是建立自己在同行中的地位，因此，绝大多数人不会去和不同行业者比，不会去和不同年龄者比，不会去和职业差太多者比，总是会和同班同学比，和同行比，和同阶层比；能比对方高、好、多，自己就会有一种自我满足。大学生从学校毕业后，前几年看不出先后，但七八年、十多年之后，成就的高下就出现了，所以大学毕业后几年，同学会还办得起来，十年后就不容易办了，因为前几年大家都差不多，十年后成就有了差距，自认没有成就的就不想参加了。

张某和李某的问题也是出在“比”这个字。本来李某认为他是可以超越张某的，所以他也不吝给予落魄中的张某温情，谁知张某反而在几年后超越了李某，让李某很不是滋味；李某过去的乐观破灭，心理受到了“估算错误”的打击，同时也有了成就比较上的压力，一时无法调适，所以和张某疏远。其实，强者偶尔装装“脚痛”，表现得隐晦一点，会让弱者在心理上多少得到一些平衡，双方的关系也就不会陷入僵局。

这种现象包含着嫉妒、羡慕的心理，基本上是属于维护自我尊严的防卫性行为，但有时也不无转成攻击性行为的可能。

所以，当一个人突然在事业上走在同行的前面，第一印象就是原来的朋友突然少了；不过，这些突然疏远了的朋友也有可能在过一段时间之后和你重新建立关系——反正也比不上你，不如和你保持接触，以免失去一条可贵的人缘。

女孩子也会有这种情形，而且可能表现得更为明白强烈，例如当某位女孩嫁了一位人人羡慕的对象，那么她的“闺中密友”也有可能很快流失，因为她们受不了她的“幸运”而生她的“闷气”。

不过，这也是一件无可奈何的事，友情诚可贵，但为了追求自己的更高成就，也不必过分地勉强，或者是舍弃。

有些时候，如愿意在弱者面前显示你“脆弱”的一面，表现谦卑，会让对方心理平衡一些，至少在处理人际关系这方面不会让你束手无策，面临尴尬的境地。

风光不可占尽，宜分他人一杯羹

每个人心中都会有一种出人头地的渴望，尤其二十几岁的年轻人刚刚步入社会，更是渴望成功，期待着有一天能“一炮走红”。于是，我们常常发现，那些在自己的领域做出一点成绩的人眼中只有自己，就好比在一张白纸上涂一个黑点，他们只看到黑点，却看不见黑点之外那无限开阔的天地。他们不停地炫耀自己、推销自己，俨然一副舍我其谁的神态。殊不知，他们的这种行为是令人十分反感的，这样做只会使他们离成功越来越远。

一个人做事千万要给自己留条后路，否则你得势时虽然状况不错，但等你失势时人家就可能疏远你，到头来自己说不定就会落得个悲惨的下场，所以有好处时一定要分人一杯羹，这叫“与人方便，自己方便”。

清朝著名的“红顶商人”胡雪岩，一生纵横官场与商场，做人真正地做到了“人精”的地步，他做人一个很重要的原则便是“利益均沾，资源共享”。这才成就了他一段“不朽”的传奇。胡雪岩对于金钱的看法有他独到见解的，其中，很重要的一点便是与他人分一杯羹，好处共享。

有一次，胡雪岩得到消息说外面运进了一批先进、精良的军火。消息马上得到进一步的确定，胡雪岩知道这又是一笔好生意，做成一定大有赚头。他立即找外商联系，凭借他老道的经验，高明的手腕，以及他在军火界的信誉和声望，胡雪岩很快就把这批军火生意搞定。

正当春风得意之时，他听商界的朋友说，有人在指责他做生意不仁道。原来外商已把这批军火以低于胡雪岩出的价格，卖给军火界的另一位同行，只是在那位同行还没有付款取货时，就又被胡雪岩以较高的价格买走了，使那位同行丧失了赚钱的好机会。

胡雪岩听说这事后，对自己的贸然行事感到惭愧。他随即找来那位同行，商量如何处理这事。那位同行知道胡雪岩在军火界的影响，怕胡雪岩在以后的生意中与自己为难，所以就不好开条件，只好推说这笔生意既然让胡老板做成了就算了，只希望以后留碗饭给他们吃。事情似乎就可以这么轻易地解决了，但胡雪岩却不然，他主动要求那位同行把这批军火“卖”给他，同样以外商的价格，这样那位同行就吃个差价，而不需出钱，更不用担风险。事情一谈妥，胡雪岩马上把差价补贴给了那位同行。那位同行甚为佩服胡雪岩的商业道德，此后两人多次合作都非常愉快。

所谓“三十年河东，三十年河西”，人人都有得意和落魄的时候，只有那些对朋友一如既往的人，才能赢得真正长久的友谊。我们对待朋友，也应像胡雪岩这样，自己得意的时候不忘照顾朋友，失意的时候才能得到他人相助。这不仅仅是利益交换那么简单，更是朋友之间建立起来的相互信任和情谊，有好处的时候分给朋友一杯羹，体现的是一种大度和风范。在社会上立足要靠“智”，更要靠“德”，有德的人自然能够聚集更多的人气和财气。

不要时时都去争口头上的胜利

每个人都不愿意认输，不愿意承认自己错了。与人争论时，要考虑对方的这种心理，不必硬要分出胜负，得理也让人三分，别人心里定会心存感激，至少不会与你为敌。然而，生活中有一类人，反应快，口才好，心思灵敏，在生活或工作中与人有利益或意见的冲突时，往往能充分发挥辩才，把对方辩得脸红脖子粗，哑口无言。其实，这是种没“心机”的表现。口头上的赢不能叫赢，与人针锋相对，处处抬杠，无论你说得多么精彩，多么富有哲理，也很难让对方心服口服、甘拜下风。即使你胜了，其实你败了。

而且这种时时争口头上胜利的人，渐渐地会形成一种习惯：不管自己有理无理，一旦用到嘴巴，他绝不会认输，而且也不会输，因为他有本事抓你语言上的漏洞，也会转移战场，四处攻击，让你毫无招架之力；虽然你有理，他无理，但你就是拿他没办法。

在辩论会、谈判桌上，这种人也许是个人才，但在日常生活和工作场合中，这种人反而会吃亏，因为日常生活和工作场合不是辩论场，也不是会议场和谈判桌，你面对的可能是能力强但口才差，或是能力差、口才也差的人，你辩赢了前者，并不表示你的观点就是对的，你辩赢了后者，只突显你只是个好辩之徒且没有“心眼”罢了。

而一般常见的情形是，人们虽然不敢在言语上和你交锋，但对的事情大家心知肚明，反而会同情“辩”输的那个人，你的意见并不一定会得到支持，而且别人因为怕和你在言语上交锋，只好尽量回避你。如果你得理还不饶人，把对方“赶尽杀绝”，让他没有台阶下，那么你已种下仇恨的种子，这对你绝对不是好事。

你应该也有过这样的体会，一个人在提出自己的意见后，一旦遭到全盘否定，你的自尊心往往使他采取以牙还牙式的反抗。这种心理反应会极大地阻碍谈判的顺利进行。相反，一个人在提出自己的意见后，一旦受到某种程度的肯定和重视，人的自尊心会引导心理活动形成一种兴奋优势，这种兴奋优势会给人带来情感上的亲善体验和理智上的满足体验。这种体验一旦发生，就会有利于纠纷的调解，使争执双方的意见达成一致。

根据上述理论，我们在与对方谈话时应先说“是的”，表示同情和理解，创造一种较为融洽的谈判气氛，缩短双方之间的心理距离后，再讲“但是”。由于你对对手的某些看法大加赞赏，对手自动地停止了自己的讲话，含着笑、点着头关注地欣赏别人对自己观点的肯定和发挥。这时，在他眼里，你是与他站在一起的，对立不存在了，尽管你也在赞扬的意见后表达了不同意见，那也好商量了。

测试：你察言观色的能力如何

察言观色的本领，说到底是一种处世灵活的表现，但你的生活中还真离不了它。要是不注意观察环境、场合以及交往对象的表情、动作等，只怕是说错了话、办错了事，自己还蒙在鼓里。在现代社会里，细致入微的观察能力也是一种生存本领。下面这个测试专为你的观察能力而设，快来试一下吧。

开始测试

1. 进入某个工作环境时，你会：

A. 注意桌椅的摆放

B. 注意用具的准确位置

C. 观察墙上挂着什么

2. 与人相遇时，你会：
A. 只看他的脸
B. 悄悄地从头到脚打量他一番
C. 只注意他脸上的个别部位
3. 你从自己看过的风景中记住了：
A. 色调
B. 天空
C. 当时浮现在你心里的感受
4. 早晨醒来后，你通常：
A. 马上就想起应该做什么
B. 想起梦见了什么
C. 思考昨天都发生了什么事
5. 当你坐上公共汽车时，你通常：
A. 谁也不看
B. 看看谁站在旁边
C. 与离你最近的人搭话
6. 在大街上，你会：
A. 观察来往的车辆
B. 观察房子的正面
C. 观察行人
7. 当你看橱窗时，你：
A. 只关心可能对自己有用的东西
B. 也要看看此时不需要的东西
C. 注意观察每样东西
8. 如果你在家里需要找什么东西，你：
A. 把注意力集中在这个东西可能放的地方
B. 到处寻找
C. 请别人帮忙找
9. 看到你的亲戚、朋友过去的照片，你：

A. 激动

B. 觉得可笑

C. 尽量了解照片上都是谁

10. 假如有人建议你参加你不会的赌博，你：

A. 试图学会玩并且想赢

B. 借口过一段时间再玩而给予拒绝

C. 直言你不玩

11. 你在公园里等一个人，于是你：

A. 仔细观察你旁边的人

B. 看报纸

C. 想某事

12. 在满天繁星的夜晚，你：

A. 努力观察星座

B. 只是一味地看天空

C. 什么也不看

13. 你放下正在读的书时，总是：

A. 用铅笔标出读到什么地方

B. 放个书签

C. 相信自己的记忆力

14. 你记住你邻居的：

A. 姓名

B. 外貌

C. 什么也没记住

15. 你在摆好的餐桌前：

A. 赞扬它的精美之处

B. 看看人们是否都到齐了

C. 看看所有的椅子是否都放在合适的位置上

评分标准

题号	1	2	3	4	5	6	7	8	9	10	11	12	13	14	15
A	3	5	10	10	3	5	3	10	5	10	10	10	10	5	3
B	10	10	5	3	5	3	5	5	3	5	5	5	5	10	10
C	5	3	3	5	10	10	10	3	10	3	3	3	3	3	5

测试结果

45～75分：说明你对别人隐藏在外貌、行为方式背后的东西不关心，尽管你在交往中不会产生多少严重的心理障碍。

76～100分：说明你有相当敏锐的观察能力。但是，对别人的评价有时带有偏见。

101～150分：你是一个很有观察力的人，同时，你也能分析自己和自己的行为，你能够极其准确地评价别人。

第二节　揣摩心理，与他人有效沟通

看清谈话对象的身份，然后再开口

中国有句谚语："到什么山唱什么歌，见什么人说什么话。"说场面话不看对象，常常让别人无法理解自己的本意，从而在无形之中与别人拉开了距离。反之，了解了对方的情况，并依据其情况，寻找与之相适应的话题和谈话内容，双方就会觉得谈话比较投机，彼此在距离上也显得比较亲切。对方会觉得你是一个极具亲和力的人，从而愿意与你相处。

1. 看对方的身份地位说话

几乎没有一个人在说话的时候不考虑到彼此的身份。不分对象，不看对方身份，都用一样的口气说话，是幼稚无知的表现。下级对上级、晚辈对长辈、学生对老师、普通人对于有名气地位的人等，不必表现得屈从、奉迎。但在言谈举止上则不要过于随便，有必要表现得更加尊重一些。在不是十分严肃隆重的场合，身份较高的人对身份较低的人说话越随和风趣越好，而身份较低的人对身份较高的人说话则不宜太过随便，尤其在公众场合，说话要恰如其分地把握好自己与听者的身份差别。地位则是个人在团体组织中担负的职位和在社会关系中所处的位置。个人的社会地位不同，就会有不同的人生经历、社会职责和交际目的，对口才表达也会产生不同的需求。

例如，与上司说话，或是探讨工作，我们应该尽量向上司多请教工作方法，多讨教办事经验，他会觉得你尊重他，看得起他。所以，在工作中，即使你全都懂，也要装出有不明白的地方，然后主动去问上司："关于这事，我不太了解，应该如何办?"或"这件事依我看来这样做比较好，不知局长有何高见?"上司一定会很高兴地说："嗯，就照这样做!"或"这个地方你要稍微注意一下!"或"大体这样就好了!"如此一来，我们不但会减少错误，上司也会感到自身的价值，而有了他的帮助和支持，后面的事情就好办得多了。

2. 针对对方的特点说话

和人交谈要看对方的身份、地位，还要看对方的性格特点，针对他的不同特点，采取不同的说话方式，这样才有利于解决问题。

春秋时期的纵横家鬼谷子指出："与智者言依于博，与博者言依于辨，与辩者言依于要，与贵者言依于势，与富者言依于豪，与贫者言依于利，与卑者言依与谦，与勇者言依于敢，与愚者言依于锐。"意思是说，和聪明的人说话，须凭见闻广博；与见闻广博的人说话，须凭辨析能力；与地位高的人说话，态度要轩昂；与有钱的人说话，言辞要豪爽；与穷人说话，要动之以利；与地位低的人说话，要谦逊有礼；与勇敢的人说话不要怯懦；与愚笨的人说话，可以锋芒毕露。

一次，孔子的学生仲由问："听到了，就去干吗?"孔子说："不能。"又一次，另一个学生冉求又问："听到了，就去干吗?"孔子说："干吧!"公西华在旁听了犯疑，就问孔子："两个人的问题相同，而你的回答却相反。我有点儿糊涂，故来请教。"孔子说："求也退，故进之；由也兼人，故退之。"

孔子的意思是说，冉求平时做事好退缩，所以我给他壮胆；仲由好胜，胆大勇为，所以我劝阻他。孔子教育学生因人而异，我们谈话也要因人而异。

3. 与异性谈话要注意距离

与同性和异性交流，在说话方式、措辞和态度上都应有所区分，尤其在与异性说话时，要注意关系的亲疏远近，选择适当的称呼用语，谈话中也要尽量避免一些模糊、暧昧的词语，否则容易引起误会甚至对方的反感。

一个男子在火车站候车，看见坐在身边的一位女士风韵照人，便凑上前去搭讪。

男子："你这双袜子是从哪儿买的?我想给我的妻子也买一双。"

女士："我劝你最好别买了，穿这种袜子，会招来不三不四的男人找借口跟你妻子搭腔的。"

所以，男士同女士交谈，一定要对她们的心理有一定的了解，注意男女有别，一定要保持应有的距离，而不能把男人圈里的东西随便搬过来。此外，男性与女性说话，一般不宜贸然提起对方的年龄，尤其和西方女性交流时更要注意这一点。

不同的人在不同的情况下有不同的心态，有时候甚至不会从外部表现上明显地表露出来，这时作为表达者就应当洞察对方的心理，以便进行有效的交流。既然大家日常说话有差别，同样的话，可能对这个人说，他很愿意接受，而对另外一个人说，不但不接受，而且还产生了反感，不利于交流。所以遇到不同的人要说不同的话，“见什么人说什么话”，才能真正引来对方的好感。

好话也得看准时机说

孔子在《论语·季氏》里说：“言未及之而言谓之躁，言及之而不言谓之隐，不见颜色而言谓之瞽。”这句话有两层意思：一是不该说话的时候说了，叫做急躁；二是应该说话的时候却不说，叫做隐瞒；三是不看对方的脸色变化，贸然信口开河，叫做闭着眼睛乱说。

这三种毛病都是没有把握说话的时机，没有注意说话的策略和技巧。说话是双方的交流，不是一个人的单方面行为，它要受到各方面条件的制约，如说话对象、周边环境、说话时间，等等，所以说话要把握时机。如果该说的时候不说，时境转瞬即逝，便失去了成功的机会。同样的，如不顾说话对象的心态，不注意周边的环境气氛，不到说话的火候却急于抢着说，很可能引起对方的误解。如果信口开河，乱说一通，后果就更加严重。所以说话的时机掌握好了是相当重要的。

某学校为两位退休老教师举行欢送会。会上，领导非常得体地赞扬了两位的工作和为人。但是，两相比较之下，其中那位多次获得过“先进”的老教师得到了更多的美誉。这让另外那位老教师感到相当难过，所以在他讲完感谢的话以后，又接着说：“说到先进，我这辈子最遗憾的是，我到现在为止一次都没有得过……”这时，另外一位平日里与他不合的青年教师突然开口说：“不，不是你不配当先进，是因为我们不好，我们都没有提你的名。”一时间，原本会场上温馨感动的气氛被尴尬所取待。领导看气氛不对，马上接过话说：“其实，先进只是一个名义罢了，得没得过先进并不重要，没有评过先进，并不代表你不够先进，我们最重要的还是要看事实……”这位领导本来是想要缓和一下气氛，但是反而使局面更糟糕。

其实，会场的气氛之所以会如此尴尬，最主要的还是退休老教师、青年教师，以及领导没有掌握好说话的时机。就算自己心里面有多少遗憾，这位退休老教师也不应该在欢送会这样的场合上讲出来。对于那位青年教师，也不应该在这样的场合上为了图一时之快，说一些刻薄的不近人情的话。场合出现尴尬的时候，领导也应该极力避开这个敏感话题，而不是继续在这个话题上唠叨不休。

所以，说话要注意时机，把握说话时机非常重要。这个过程，我们要在不同的时间、地点、人物面前说合适的话，该说话时才说话，而且要说得体的话。只要我们有充分的耐心，积极地进行准备，等待条件成熟，顺理成章地表达自己的观点，不仅能赢得对方的开心，又能令自己舒心。具体来说，可以遵循以下原则：

1. 要看准时机再说话，要有耐心，积极准备，时机到了，才能把该说的话说出来。

2. 沉默是金，并不是说要一味地沉默不语，该说话的时候就不要故作深沉。比如，领导遇到尴尬情况了，就需要你站出来为领导打圆场，同事有矛盾了，需要你开口化干戈为玉帛。

3. 别人在说话的时候，不要随意插嘴打断人家的话。

4. 看准时机，说不同的话。这些话都要与当时的场合、时间、人物相吻合。

5. 该说话的时候要说话，因为有时候机会转瞬即逝，错过这个说话的时机，也许以后就不会再有机会了。

得体的幽默最能取悦人心

幽默使生活充满了情趣，哪里有幽默，哪里就有活跃的氛围。在人际交往中，幽默是心灵与心灵之间快乐的天使，得体的幽默最能够取悦人心，没有人会不喜欢能让自己开心的人，如果你能博得他人一笑，自然能够营造轻松愉快的谈话气氛，沟通起来就容易多了。

一个秃头者，当别人称他“理发不花钱，洗头不费水”时，他当场变了脸，使原本比较轻松的环境变得紧张起来。一位演讲的教授，也是一个秃头，他在自我介绍时说：“一位朋友称我聪明透顶，我含笑地回答：‘你小看我了，我早就聪明绝顶了。’”然后他指了指自己的头说，“我今天演讲的题目是外表美是心灵美的反映。”教授就这样开始了自己的演讲，整个会场充满了活跃的气氛。

同样是秃头，为什么不同的人得到的却是别人不同的认可，其间的缘故就是有没有幽默感。秃头的教授在自我介绍时运用自嘲的方式谈自己的秃头，继而又把自己的秃头和讲座的主题联系起来，表现出随和大度的个性，立刻活跃了气氛。

幽默家兼钢琴家波奇，有一次在美国密歇根州的福林特城演奏，发现听众不到一半，他当然很失望也很难堪，但是他走向舞台时却说：“福林特这个城市一定很有钱，我看到你们每个人都买了两三个座位的票。”于是整个大厅里充满了欢笑，波奇也以寥寥数语化解了尴尬的场面。

由此可见，幽默不仅反映出一个人随和的个性，还显示了一个人的聪明、智慧以及随机应变的能力。生活中应用幽默，可缓解矛盾，调节情绪，促使心理处于相对平衡的状态。著名的喜剧大师卓别林曾说：“通过幽默，我们在貌似正常的现象中看不出不正常的现象，在貌似重要的事物中看不出不重要的事物。”

幽默并非天生就有，而是需要自己用心培养。那么，怎样培养幽默感呢？

1. 要领会幽默的真正含义

幽默不是油腔滑调，也非嘲笑或讽刺。正如有位名人所言：

浮躁难以幽默，装腔作势难以幽默，钻牛角尖难以幽默，捉襟见肘难以幽默，迟钝笨拙难以幽默，只有从容、平等待人、超脱、游刃有余、聪明透彻，才能幽默。

2. 扩大知识面

幽默是一种智慧的表现，它必须建立在丰富的知识基础上。一个人只有具有审时度势的能力、广博的知识，才能做到谈资丰富，妙言成趣，从而有恰当的比喻。因此，要培养幽默感，必须广泛涉猎，充实自我，不断从浩如烟海的书籍中收集幽默的浪花，从名人趣事的精华中撷取幽默的宝石。

3. 陶冶情操

幽默是一种宽容精神的体现，要使自己学会幽默，就要学会宽容大度，克服斤斤计较，同时还要乐观。乐观与幽默是亲密的朋友，生活中如果多一点趣味和轻松，多一点笑容和游戏，多一份乐观与幽默，那么就没有克服不了的困难，也不会出现整天愁眉苦脸、忧心忡忡的痛苦者。

4. 培养敏锐的洞察力

提高观察事物的能力，培养机智、敏捷的能力，是提高幽默的一个重要方面。只有迅速地捕捉事物的本质，以诙谐的语言作出恰当的比喻，才能使人们产生轻松的感觉。

当然，在幽默的同时还应注意，幽默既不是毫无意义的插科打诨，也不是没有分寸的卖关子、耍嘴皮。幽默要在入情入理之中，做到幽默而不俗套，让幽默为人们的精神生活提供真正的养料。

实话要巧说，坏话要好说

在生活中，人与人之间交流是避免不了的，同时说话的双方彼此都希望对方能对自己实话实说。但在某些特定的场合下，如顾及面子、自尊，以及出于保密等，实话实说往往会令人尴尬、伤人自尊，因此，实话是要说的，却应该巧说。那么该如何才能巧妙地去表达呢？如何才能说得既让人听了顺耳，又欣然接受呢？在这里介绍几点：

1. 由此及彼肚里明

两个人的意见发生了分歧，如果实话“实说”直接反驳就有可能伤了和气，影响团结。这个时候就需要我们采取这种方法，因为这样可能会避免一些麻烦。有这样一个例子：

一次事故中，主管生产的副厂长老马左手指受了伤被送往医院治疗，厂长老丁来病房看望时，谈到车间小吴和小齐两个年轻人技术水平较强，但组织纪律观念较差，想让他们下岗。老马当时没有表态，只是突然捧着手“哎哟哎哟”大叫。丁厂长忙问：“疼了吧？”老马说：“可不是，实在太疼了，干脆把手锯掉算了。”老丁一听忙说：“老马，你是不是疼糊涂了，怎么手指受了伤就想把手给锯掉呢。”老马说：“老丁，你说得很有道理，我这手受了伤需要治疗，那小吴和小齐……”老丁一下子听出老马的“弦外之音”，忙说：“老马，谢谢你开导我，小吴和小齐的事我知道该怎么处理了。”

老马用手有病需要治疗类比人有缺点需要改正，进而巧妙地把用人和治病结合起来，既没因为直接反对老丁伤了和气，而且又维护了团结，成功地解决了问题。

2. 抓心理达目的

这就是要抓住人的心理，运用激将的方法，进而达到自己真正的目的。

一位穿着华贵的妇女走进时装店，对一套服装很感兴趣，但又觉得价格昂贵，犹豫不决。这时一位营业员走过来对她说，某某女部长刚才也看好了这套服装，和你一样也觉得这件服装有点贵，刚刚离开，于是这位夫人当即买下了这套服装。

这位营业员能让这位夫人买下服装，是因为她很巧妙地抓住了这位夫人“自己所见与部长略同”和“部长嫌贵没买，她要与部长攀比”的心理，用激将的方法进而巧妙地达到了让夫人买下服装的目的。

3. 藏而不露巧表达

运用多义词委婉曲折地表明自己要说的大实话。

林肯当总统期间，有人向他引荐某人为阁员，因为林肯早就了解到该人品行不好，所以一直没有同意。一次，朋友生气地问他，怎么到现在还没结果。林肯说，我不喜欢他那副“长相”。朋友一惊道：“什么！那你也未免太严厉了，‘长相’是父母给的，也怨不得他呀！”林肯说：“不，一个人超过40岁就应该对他脸上那副‘长相’负责了。”朋友当即听出了林肯的话中话，再也没有说什么。

很显然，这里林肯所说的“长相”和他朋友所说的“长相”，根本不是一回事。林肯巧妙地利用词语的歧义性，道出了“这个人品行道德差，我不同意他做阁员”这句大实话，既维护了朋友的面子，又达到了自己的目的。

别人郁闷时，多说理解的话

有一位妈妈在火车上哄着她的小宝宝。

有一位乘客很好奇地把头凑过来看了以后就说：“哇！好丑的宝宝！”

妈妈听了好难过，就一直哭，一直哭。

后来车子停到某一站，上来了一些新的乘客。

有一位好心的乘客看她哭得这么伤心，就安慰她说：“这位女同志你为什么哭得这么伤心呢？凡事都要看开点，没有解决不了的事情嘛！好了，好了，不要再哭了。我去帮你倒杯水，心情放轻松点嘛！”过了一会儿，那个乘客真的倒了一杯水给她说：“好了，别再哭了，把这杯水喝了就会舒服点，还有这根香蕉是给你的猴子吃的。”

这位妈妈听了，差点哭晕过去。

笑话里面的那位好心的乘客还没有弄清女同志为什么在那儿哭，就随便安慰一通，当然会驴唇不对马嘴了。所以，首先应该知道别人郁闷的原因，然后对症下药，才能说出真正理解人的话，达到安慰的目的。

人与人之间情感的沟通，是交往得以维持并向更为密切方向发展的重要条件，是人对客观事物所持态度的内心体验。情感沟通由两部分组成：一是“共鸣”，即对同一事物或同类事物具有相仿的态度及相仿的内心体验；二是“振荡”，即由于“共鸣”而双方情绪相互影响，以致达到一种比较强烈的程度。前者是找到共同语言，后者是掏出心来。

吴倩十分认真地告诉她的好朋友李蓉，她想自杀。李蓉不去问她为什么，也不板起脸孔说教一番，而是说：“是啊，我曾经也有过同样的想法，但是那天发生的一件事，使我看到了人为什么要勇敢地活下去……”

说完后，吴倩谈起了她的烦恼与苦闷。李蓉边听边点头，表示理解和关注。后来吴倩放弃了自杀的想法，她和李蓉的友谊也越来越深了。

要想与人进行情感沟通，就要注意对方。当对方对某一事物表露出一种情感倾向时，你就要对他所说的这件事表达同样的感受。情感沟通的程度，以每当回忆起这段交往时，所导致的兴奋程度为标准。比如，当你读到友人的来信，你俩的感情就绝不会变得冷漠。“不知怎的，你在上次谈论中的一举一动、一言一语都给我留下深刻的印象。我很高兴与你一起度过了那个下午……”当对方常常联想到这段交往时，就伴着愉悦的心境，则这种沟通也就达到了。

有许多女性被朋友冠以“知心姐姐”的美名，但凡朋友有心烦之事、郁闷沮丧时都会找她们聊天，常常一聊就是一两个小时，聊过之后心情便好了很多。这些“知心姐姐”没有学过心理学，也没有受过什么专门的训练，她们之所以能够抚慰失意者的心，秘密就在于她们总是试着理解对方的想法和处境，并作出“同感”的回应，她们从来不会说，“你怎么会这么做”“你真是太傻了”，而是表示自己有时也会有这种想法。因此，对方就能毫无顾忌地说出自己的心事，进而得到解脱和安慰。

有一句话叫“理解万岁”。我们在自己碰到不如意的事情的时候希望得到别人的理解，而在别人郁闷的时候经常不能理解对方的心情，不能发自肺腑地说出理解的话。其实，如果设身处地想想，别人和自己是一样的，自己希望别人理解，别人又何尝不是？多说理解的话，别人就会把你当成真心朋友，赞赏你、信任你，把你当成知己。当别人遭遇不顺、心情烦闷时，最好多说一些理解的话，尽管可能无法帮对方解决问题，你的理解也能让对方感到安慰。因为发自内心的“同感”不是违心的附和，而是朋友间的理解，是心灵的沟通。

绕个圈子再说“不”

身边常有这样的人，一味地照顾别人的感受，凡事都习惯于说“是”，经常给别人面子，认为那是一种对别人的尊重。然而，他们没有意识到，自己拒绝的权利却没有得到别人的尊重。聪明的女人应该学会如何果断而尊重地拒绝。

在日常生活中，热情帮助别人，对别人的困难有求必应，当然有助于建立融洽的人际关系。但生活中也常有这样的事，即别人有求于你的，恰恰是你感到为难的事。帮忙吧，自己确实有难处，不帮忙吧，又怕人家说你的闲话。还有的时候，你必须对别人的提问给予回答，一般说来，肯定的合乎对方期望的回答往往能使听者感到愉快，而否定的回答，尤其是直截了当地说“不”，则会使提问者感到失望和尴尬。拒绝就意味着将对方阻挡在门外，拂却了对方的一片“好意”，说“不”需要很大的勇气。

所以，拒绝别人也有一定的方法，说出来的话要能让对方接受，这样彼此之间的关系才不会受到影响。拒绝是一门艺术、一门学问，能体现一个人的综合素养。当别人对你有所希求而你办不到，不得已要拒绝的时候，你最好用婉言拒绝的方式。所谓婉言拒绝就是用温和曲折的语言，把拒绝的本意表达出来。与直接拒绝相比，它更容易被接受。它在很大程度上，顾全了被拒绝者的颜面。

拒绝他人的一个好办法就是在对方提出请求后，不要马上回答，而是先讲一些理由诱使对方自我否定，自动放弃原来提出的请求，以减少对方遭到拒绝后的不快。

两个打工的老乡找到在城里工作的李某，诉说打工的艰难，一再说住店住不起，租房又没有合适的，言外之意是要借宿。李某听后马上暗示说：“是啊，城里比不了咱们乡下，住房可紧了，就拿我来说吧，这么两间耳朵大的房子，住着三代人，我那上高中的儿子，晚上只得睡沙发。你们大老远地来看我，应该留你们在我家好好地住上几天，可是做不到啊！”两位老乡听后，就非常知趣地走开了。

拒绝别人是一件很难的事，如果处理得不好，很容易就会影响彼此的关系，所以在拒绝别人的时候有必要绕个圈子说出你的“不”。喜剧大师卓别林就曾说过一句话：“学会说‘不’吧！”学会有艺术地说“不”，才是真正掌握了说话的艺术。当你不得不拒绝别人时，也要讲究礼貌，这对于你的形象是大有益处的。人都是有自尊心的，一个人有求于别人时，往往都带着惴惴不安的心理，如果一开口就说“不行”，势必会伤害对方的自尊心，引起对方强烈的反感，而如果话语中让他感觉到“不”的意思，从而委婉地拒绝对方，就能够收到良好的效果。所以掌握好说“不”的分寸和技巧就显得很有必要。

1. 通过幽默的话拒绝别人

适当地在拒绝别人的时候加入一些调笑剂，不仅不让对方难堪，而且你自己心里也不会有太多的压力和内疚。

2. 推托其辞

例如你的一位同事请你到他家里吃饭，以便要你帮他做某事，你不便直接说“不”，就可找个理由推辞过去。你可以说家里或单位有事，因此不能去。这时，别人一般就会明白你什么意思了。

3. 用答非所问的方式，婉拒对方的建议，使对方一听就知道你不想答应他的要求

如果你的一位朋友邀请你星期天去看电影，你不想去时可以说：“划船不错，咱们去公园划船吧。”

4. 拖延回答

例如你一位老乡对你说：“你今晚到我这来玩吧！”你不想去时可以说：“今天恐怕不行了，改天我一定会去的。”这样的话听起来比“没空，来不了”的回答，显然易于为对方所接受，至于下次什么时候来，其实也并没说清楚。

5. 先扬后抑

对于别人的一些想法和要求，可以先用肯定的口气表示赞赏，再来表达你的拒绝。这样不会伤害对方的感情，也为自己留下一条后路。

适当地随声附和，让交流更顺畅

每个人都希望自己所说的话能得到他人的重视，希望别人对自己的话感兴趣，这是人们的一种普遍心理，如果在谈话中总是得不到对方的回应，定会感到失落和无趣。因此，我们在与人交流时，不但要懂得耐心地倾听，更要学会适当地随声附和，恰当的附和说明你没有走神，一直在用心听对方说话，表达了你对说话者观点的赞赏，还对他暗含鼓励之意，这样，双方的谈话便会进行得更加顺畅。

例如，当你对他的话表示赞同时，你可以说："你说得太好了！""非常正确！""这确实让人生气！"这些简洁的附和让说话者为想释放的情感找到了载体，表明了你对他的理解和支持。同时，听者还可以用一些简短的语句将说者想传达的中心话题归纳一下，能够使说者的思想得以凸显和升华，同时也能提高听者的位置。

当然，我们还可以向说话者提一些问题。这些提问既能表明你对说话者话题的关注，又能使说者更愿意说出欲说无由的得意之言，也更愿意与你进一步交流。

一位老教授与五名学生闲聊着自己当年读研时候的杂事，说："你们现在的生活可真丰富，校园里有体育馆，校园外有游乐园。我当年在你们这个阶段，生活的世界里只有课堂、图书馆和宿舍。"

学生们微微一笑，教授继续说道："不过，那个时候精力都用在读书上也好，搞科研如果基础知识不扎实根本无法谈及创新。还记得我的一个课题是关于青藏高原地质变迁的问题，当时我不仅要查阅自然地理方面的资料，还要查很多地质演变与生物演化方面的资料。当时的科学根本没有现在这么发达，哪里有什么计算机、文献电子稿啊，完全依靠图书馆里纸质的资料，可比你们现在做项目难多了！"

说着，教授停了下来，拿起茶杯饮了两口。

这时，其中一个专心倾听的学生礼貌地问道："老师，您当年的研究方向是青藏高原的地质变迁问题，可参考资料却涉及区域内的生物演化，当时是不是很少有人将这两个角度结合考虑？"

教授会心地看了看这位"好问"的学生，然后得意地说道："很多时候，没人想到的地方你想到了，才会有意外的收获，才能够创新。不信，我们来举个现在的例子，就说说你现在的课题吧！”接着，教授在得意于自己创意思考的同时，更为那名巧妙提问的学生进行了很有创意的课题指导，而那四名只知道听的学生，却没得到教授丝毫的专门指导。

不仅如此，附和地倾听本身还是一种赞美。它能使我们更好地理解别人，有助于克服彼此间判断上的倾向性，有利于改善交往关系。在倾听别人谈话时，你已经把你的心呈现给对方，让对方感受到了你的真诚。我们去倾听别人的时候，也就是我们设身处地地理解他们的幸福、痛苦与欢乐的时候，使我们能够把对方的优点和缺点看得更清楚。而这些结论再通过我们有效的附和来传达给对方，这才能算是一次完美的交流。

认真倾听并在适当时间附和也有利于对方更好地表达自己的思想和情感。在对方明白我们的倾听是对他的尊重以后，他同样会认真地听我们说活，这样大家彼此的交流才能产生良好的效果。所以，在与人交流时，你若想讨对方欢心，想把交流愉快地延续下去，那么，请不要只是傻傻地倾听，要学着适时地附和。

多说“我们”，变成自己人

新婚燕尔，新娘对新郎说：“从此以后，就不能说‘你的’，‘我的’，要说‘我们的’。”

新郎点头称是，一会儿，新娘问新郎：“亲爱的，我们今天去哪儿啊？”

新郎说：“去我表姐家。”

新娘就不乐意了，纠正说：“是去我们的表姐家。”

新郎去洗手间，很久了还不出来。新娘问：“亲爱的，你在里面干吗呢？”

新郎答道：“我在刮我们的胡子。”

这虽然是一则笑话，可是它体现了一个问题，即“我们”这个词可以造成彼此间的共同意识，拉近双方的距离，对促进人际关系将会有很大的帮助。

曾经有一位心理学家做了一项有名的实验，就是选编了三个小团体，并且分派三人饰演专制型、放任型、民主型的三位领导人，然后对这三个团体进行意识调查。

结果，民主型领导人所带领的这个团体表现了强烈的同伴意识。而其中最有趣的就是这个团体中的成员大都使用“我们”一词来说话。

经常听演讲的人，大概都有这样的经验，就是演讲者说“我这么想”不如说“我们是否应该这样”更能使你觉得和对方的距离很近。因为“我们”这个词，也就是要表现“你也参与其中”的意思，所以会使对方心中产生一种参与意识，按照心理学的说法，这种情形是“卷入效果”。

小孩子在玩耍时，经常会说“这是我的东西”或“我要这样做”，这种说法是由于小孩子的自我显示欲直接表现所造成的。有时在成人世界里，也会出现如此说法，而这种人不仅无法令对方有好印象，可能在人际关系方面也会受阻，甚至在自己所属的团体中形成被孤立的局面。

人心是很微妙的，同样是与人交谈，有的人说话方式会令对方反感，而有的人说话方式却会令对方不由自主地产生妥协。

事实上，我们在听别人说话时，对方说“我”，“我认为”带给我们的感受，将远不如他采用“我们”的说法，因为采用“我们”这种说法，可以让人产生团结意识。

“我”在英文里是最小的字母，千万别把它变成你词汇中最大的字。

在一次公司年会上，有位先生在讲话的前三分钟内，一共用了6个“我”，他不是说“我”，就是说“我的”，如“我的公司”“我的花园”等。随后一位熟人走上前去对他说：“真遗憾，你失去了你的所有员工。”

那个人怔了怔说：“我失去了所有员工？没有呀，他们都好好地在公司上班呢！”

“哦，难道你的这些员工与公司没有任何关系吗？”

亨利·福特二世描述令人厌烦的行为时说：“一个满嘴说‘我’的人，一个独占‘我’字、随时随地说‘我’的人，是一个不受欢迎的人。”

在人际交往中，“我”字讲得太多并过分强调，会给人突出自我、标榜自我的印象，这会使对方与你之间筑起一道防线，影响别人对你的认同。

因此，会说话的人，在语言传播中总会避开“我”字，而用“我们”开头。下面的几点建议可供你参考：

1. 尽量用“我们”代替“我”

很多情况下，你可以用“我们”一词代替“我”，这可以缩短你和大家的心理距离，促进彼此之间的感情交流。

例如：“我建议，今天下午……”可以改成：“今天下午，我们……好吗？”

2. 这样说话时应用“我们”开头

在员工大会上，你想说：“我最近作过一项调查，我发现40％的员工对公司有不满的情绪，我认为这些不满情绪……”

如果你将上面这段话的三个“我”字转化成“我们”，效果就会大不一样。说“我”有时只能代表你一个人，而说“我们”代表的是公司，代表的是大家，员工们自然容易接受。

3. 非得用“我”字时，以平缓的语调讲

不可避免地要讲到“我”时，你要做到语气平和，既不把“我”读成重音，也不把语音拖长。同时，目光不要逼人，表情不要眉飞色舞，神态不要得意扬扬，你要把表述的重点放在事件的客观叙述上，不要突出做事的“我”，以免使听者觉得你自认为高人一等，觉得你在吹嘘自己。

“不知道”是讨人喜欢的三字经

心理学家邦雅曼·埃维特曾指出，平时动不动就说“我知道”的人，头脑迟钝，易受约束，不善于同他人交往。迅速和现成的回答，表现的是一种一成不变的老一套思想；而敢于说“不知道”所显示的则是一种富有想象力和创造性的精神。埃维特还说：“如果我们承认对这个或那个问题也需要思索或老实地承认自己的无知，那么我们自己的生活方式就会大大改善。”这就是他竭力倡导的态度和人们可以从中得到的益处。

古希腊著名哲学家苏格拉底讲过，“就我来说，我所知道的一切，就是我什么也不知道”。以最简洁的形式表达了进一步开阔视野的理想姿态。可以说，至今仍有很多人信奉苏氏这句名言。无论你多么伟大，无论你多么有才能，你也有你不知道的地方，说不知道并不是意味着你无能，反而在勇敢承认的同时你获得了更多的称赞。

有一位学问高深、年近八旬的老妇人。她以前是大学教授，会讲五种语言，读书很多，语汇丰富，记忆过人，而且还经常旅行，可以称得上是见多识广。然而，人们从未听到过她卖弄自己的学识或对自己不了解的事情假称通晓。遇到疑难时，她从不回避说：“我不知道。”也不用自己的知识去搪塞，而是建议去查阅有关专著、资料，以作参考。看到老人的这一切，每个跟她接触的人才真正懂得了怎样才能被别人敬重，怎样才能获得做人的尊严。

其实，在任何国际学术会议的场合中，如果你注意的话就会了解，虽然开会的屋子里坐满了国际知名的科学家，但大家使用最频繁的一句话便是“我不知道”，或者是比较文绉绉的“在本项研究主题中，我们没有足够证据可得出任何可靠的结论”。

从事任何一种职业的聪明人，都有勇气承认，“没有人知道一切事情”的这个事实。他们常常说自己不知道，随后就去寻找他们所欠缺的知识。承认自己不知道无损于他们的自尊；对于他们来说，“不知道”是一种动力，并不是说出来就大失面子的话语，因为自己的“不知道”，反而会促使他们去进一步了解情况，求得更多的知识。

做人就要敢于坦诚地承认自己的不足和不知道，不要为了面子，强把自己说成是“万事通”，让自己真正地大失脸面。要知道知识是从“不知道”里面去争取的，而不是从你说“知道”里面去欺骗得来的。

测试：你是不是一个“会说话”的人

你是否羡慕别人在演讲台上口若悬河，是否希望自己也能有三寸不烂之舌？会说话并不仅仅是拥有流利的口才，还要有一些技巧，也就是不仅要会说，还要知道对不同的人怎么采取不同的方式。如果你善于通过语言与人沟通，说明你口才很好，就等于为你插上了成功的翅膀；如果你不善于与人交谈，常常容易引起纠纷或误会。你会“说话”吗？不妨测试一下。

开始测试

1. 遭遇一次挫折之后，你是否觉得需要一个人静静地才能清醒和整理好思路？

A. 是的

B. 有时

C. 一般不会

2. 你和哪种人最容易相处？

A. 各种人

B. 和已经了解的人

C. 和相处很久的人，但往往仍感到很困难

3. 你是否总在人群中的气氛达到高潮时反而有一种强烈的失落感？

A. 经常如此

B. 有时

C. 从未有过

4. 当有人试图与你交谈或对你讲解一些与你关系不大的事情时，你是否时常觉得很难聚精会神地听下去？

A. 是的

B. 有时

C. 一般不会

5. 你是否会刻意避免表达自己的感受，因为你认为自己说了别人也不会理解？

A. 强烈肯定

B. 有时

C. 绝对否定

6. 你是否认为轻易流露心情和感受的人是没有内涵的？

A. 是的

B. 有时

C. 不是

7. 一个陌生人详细地向你讲述他从恋爱到失恋的全过程，并期待你的回应，你会：

A. 极不情愿，觉得不舒服

B. 无动于衷

C. 很乐意倾听并积极开导他

8. 当你不是话题的中心人物时，你会不由自主地走神吗？

A. 一定

B. 有时

C. 绝对不会

9. 你一般情况下不会向他人倾吐自己的心事，除非他是你多年相交的密友？

A. 是的

B. 有时

C. 绝对不会

评分标准

选A得1分，选B得2分，选C得3分。

测试结果

9～14分：你是一个非常会说话的人。你非常懂得交际，能够营造一种热烈气氛鼓励人家多开口，让别人觉得同你谈得来，彼此十分投机。像你这种善于说话的人，是非常讨人喜欢的，你知道什么时候该说，什么时候不该说。

15～21分：你是个外冷内热的人，其实交谈也是你的强项，只是你不会轻易显露。你大概比较热衷跟别人做朋友。如果你与对方不太熟识，你开始会表现得很内向，不太愿意跟对方交谈。但时间久了，你便乐意跟他们搭话，彼此很谈得来。

22～27分：你不太会“说话”，或者你本来就有“语言排斥”的倾向。这表示你只有在极需要的情况下才同别人交谈，或者你与对方有强烈的志同道合的感受，都觉得相见恨晚，通常你不会通过语言的形式去发展友谊。除非对方愿意主动跟你接触，否则你总处于孤独的个人世界里，你有些自闭的倾向。

第二章

明心见性，与他人和谐相处

第一节 关怀贴心，获得朋友长久的青睐

记住有关对方的小事，让他感觉被重视

希望获得别人的关注是人类的天性之一，每个人都渴望受到别人的关注和重视，渴望成为人们谈话的焦点。我们在与人相处的过程中，不要只考虑自己的内心感受，更要注意满足别人的这种心理需求，例如，记住朋友的一些小事，关心他生活中的小细节和小烦恼，可以让朋友感觉被重视。

一次，威廉·比尔登门拜访当时的共和党领袖马可·汉纳。比尔对汉纳有些偏见，因此，对谈话并不表现出十分的热情。然而，比尔发现在整个交谈过程中，汉纳从头到尾都在讲关于比尔的事情：关于比尔的父亲，关于比尔对政治纲领的意见等。

汉纳说："你来自俄亥俄州吧？你的父亲是不是比尔法官？他是民主党的……"汉纳像是在和一位世侄交谈一样说："嗯，你父亲可是个非常厉害的角色，害得我的几个朋友在一次石油生意上损失不小！"

在整个谈话过程中，汉纳不时地讲到许多关于比尔的小事。就这样，当谈话结束的时候，比尔对于汉纳的反感已经烟消云散了。几天后，威廉·比尔甚至成了汉纳忠诚的支持者。在此后的几年中，威廉·比尔最愿意做的事情就是为自己曾经最厌

恶的汉纳服务。

由此可见，在与人交往的过程中，努力记住对方的小事，并且在适当的时候让对方了解你记住了关于他的事情，能够让对方获得一种被人重视、被人关注的心理满足感，进而对你产生好感。并且，你所记住的事情越是微小、不起眼，当对方得知你记住了他们时，对方获得的心理满足感就越大，对你产生的好感也就越大。

通过记住有关对方的小事来获得对方的好感，是一个非常有效的社交心理策略，无论对方是大人物还是普通人，这个方法都同样有效。以访问大人物而闻名的新闻记者马可森说："当你将大人物们曾经说过的话复述出来的时候，他们的心情就会显得格外的好，对你也会表现得格外友善。"

那些善于交际的人都十分明白这种策略所带来的好处，他们总会在适当的时刻顺便问一两句对方的个人事情，以表示他们将对方正在做的事、对方的喜好记挂在心上，让对方感觉这些小事他们早该忘记但是却没想到他们还挂在心上，从而让对方的心理产生非常愉悦的感受，进而对他们产生好感。

这个方法实施起来很容易，然而，或许正是因为它的容易，人们才常常忽略它，总是记得与自己有关的事，而忘记他人的事。因此，从现在开始，努力记住那些和朋友有关的事情吧，一旦那些在对方看来微不足道的小事从你口中说出时，你就在无形中靠近了对方。

和朋友说话也要有分寸，玩笑不可太过分

朋友之间互相开玩笑原本是件有趣的事情，可若是口无遮拦、毫不避讳地开玩笑，反而会伤了朋友情面，甚至因此而失去一个朋友。每个人都有自己的忌讳，人人都讨厌别人提及自己的忌讳。说话时如不小心就会冲撞了对方，引起别人的反感，

有的甚至招来怨恨。所谓“说者无心，听者有意”，自己随口而出的一句话可能正好在别人的伤口上撒了把盐，让人恨得牙痒痒。

小马先天秃头。一天，大家在一起聊天，得知小马的发明专利被批准了。直肠子的小何快嘴说道：“你小子，真有你的，真是热闹的马路不长草，聪明的脑袋不长毛。”说得大家哄堂大笑，小马的脸也红了起来。

小何原本是想夸奖小马，然而她的一句“聪明的脑袋不长毛”正好戳到小马秃头的痛处，夸奖不成，反而遭人埋怨。

生活中那些懂得幽默、会开玩笑的人特别受欢迎，被大家当做“开心果”。他们凭借一个得体的玩笑，不仅给他人带来了欢乐，而且能迅速获得别人的好感。但是，开玩笑也要有分寸，并不是所有的场合都适合开玩笑，并不是所有的话题都可以用来开玩笑，如果把握不好开玩笑的“度”，不仅会得罪人，甚至会酿成悲剧。

报纸上刊载过这样一件事：

李某和几个朋友一起喝酒，几两酒下肚后，朋友和李某开起了玩笑：“瞧你这丑样，你那儿子倒很漂亮，莫不是你媳妇跟别人生的?”这本来是句玩笑话，李某却偏偏是个小心眼的人。回家后，李某就跟妻子找碴：“你说！我长的是啥样，为什么这孩子却是那模样？到底是不是和我生的?”他边说边逼近妻子，冷不防从妻子怀里抓过孩子，拎着小腿，把孩子扔到床上，又顺手抓起枕头压在了哭叫不已的孩子的脸上，可怜的孩子顿时没有了哭声。见此情景，妻子极力想救孩子，却被丈夫打倒在炉灶前。急恨交加中的妻子顺手抓起炉灶旁的炉钩，死命地甩向李某。只听李某“哎呀”一声，松开了枕头，慢慢地瘫倒在地上。妻子从地上爬起来，不顾一切地向儿子扑了过去，急忙掀去枕头，看到儿子的小脸憋得青紫，已经奄奄一息了。再看丈夫，他倒在地上，一动不动，一股液体顺着他的右腮淌下。原来她甩过去的炉钩的尖端，刚好嵌进李某的右边太阳穴，她见状吓得昏了过去。

只因朋友的一句玩笑话，顷刻间，好端端的三口之家毁于一旦。这就是乱开玩笑没有分寸的恶果。

开玩笑时，务必要考虑这个玩笑带来的后果，绝不要信口开河，随意开玩笑。不然，发生意外时，只会让我们后悔莫及。

朋友之间，不需要帮忙也要保持联系

现在逢年过节大家发短信总少不了一句话“有事没事常联系”。其实，与人相处，经常联系是很重要的。好不容易结交的朋友，如果长时间不联系，迟早会变成陌生人。

很多人都有过这样的体会：当自己遇到了困难，认为某人可以帮自己解决时，本想马上去找他，但后来想一想，过去有很多时候本来应该去看人家的，结果都没有去，现在有求于人了就去找他，是不是太唐突了？甚至因为太唐突了而担心遭到他的拒绝，但是这有什么办法呢？为人交友，本来就应该闲时多走动才对。缺少了必要的联系，时间一长，再牢靠的关系也会变得松懈，再好的朋友也会变得互相淡漠，到时候再去求人办事，就会不知不觉地平添一些隔膜。

所以，即使你现在不需要他人的帮助，你也有必要和他们保持联系。如果你只在需要他们支持或帮助的时候才想起与他们联系，那么很快他们就会觉得只是在利用他们，这样做不但不能和他们建立起良好的关系，还容易损害你们业已建立起来的关系。

关系的建立和发展自有其自己的规则。你和他人的关系持续的时间越长、联系越多，关系也就越深厚，你所得到的益处也就越多。而且积极的牢固的关系包含着给予和收益的双重内

容，如果你在不需要他们的时候还是持续保持与他们的联系，那么当你真的需要他们的帮助时，他们也很乐意为你施以援手。经常和他人保持联系，即使你的联系方式很简单，比如一声问候："你好吗?""你的孩子该上初中了吧？成绩怎么样?""什么时候来我这里，我们一起吃午饭怎么样?"或者是一封电子邮件、一个电话、一张明信片，都会让他们觉得亲切。日后当你真的需要他们时，他们也不会觉得突兀，因为你已经为你们的关系提前投入了。所以要记住：闲时多走动，急时有人帮。

另外，你在日常生活中要广织"关系网"，且不要与人失去联络，不要等到有急事时才想到别人，因为"关系"就像一把剪刀，经常磨才不会生锈，若是半年以上不联系，你就可能已经失去这位朋友了。

为了不使好不容易才建立起来的人际关系毁于一旦，你就要不厌其烦地勤于打电话、写信以及登门拜访。其实，这些对你来说，都是举手之劳，在维护彼此的关系及沟通情谊的前提下，又何乐而不为？维护关系要注意以下几点：

1. 抓住适当时机联络"关系"

大忙人虽不好找，但并不表示他们绝对无法接近。你不必浪费时间在上班时间打电话给他们，要学会利用时间，"拉关系"的高手认为，傍晚六七点钟是与这些忙人接触的"黄金时刻"。秘书、助理等大都走了，只剩下一些"工作狂"还舍不得走，希望自己的"埋头苦干"能给上司留下深刻的印象。此时正是联络这些大忙人最适当的时机。

2. 牢记"关系"无所不在

关系无所不在，三人行，必有我师。不经意的人事交往，就可能发展出很不错的关系。

对这些有心人而言，人生就是一场游戏——会议室、酒吧、餐厅，甚至在澡堂里，处处都可以"增长见识"。跟人谈上一两个小时，一定可以学到一点东西。另外，出差、旅行也是拓展关系、提升沟通力的好机会。

3. 及时记录“关系”的进展

记录自己关系网的发展要像写日记一样，数十年如一日。记录每一次联系的情形，包括：姓名、地址、电话号码、你的看法以及日后的联络方法。

朋友之间的情谊，就像存钱一样，平时储蓄一点一滴，过了几年之后就有一笔钱了。朋友之间的关系需要维护和经营，平时互相不来往，相当于不存钱；有事才想到找人帮忙，相当于从存折中取钱，只取不存，存折迟早会空的。

朋友遭遇不幸，要及时安慰

朋友是什么？朋友就是能够一起分享快乐、承担痛苦的人，当对方遭受不幸时，能够一直陪在他身边安慰他的人才是真正的朋友。

许多人都有这样的疑惑，面对失意的朋友，我们很想安慰他们、帮他们走出失意，却常常好心办了坏事，偏偏说出他们不愿意听的话，让对方更加难过。如果故意回避有关的话题，又会让人觉得我们冷漠、无礼。可见，安慰并不是说两句好话那么简单，要想达到安慰别人的效果，要把握一定的原则和技巧，把安慰的话说得得体、受用。

首先，要静下心来听对方倾诉

处于悲伤和烦恼中的人，总希望有人能够听他们倾诉，说出来之后，心情就会好很多。当失意的朋友向你倾诉，要顺着你朋友的意愿行事，不要设法去逗他开心，只需要静心倾听，并尽可能地理解他的心情。理解是安慰的基础，而倾听是理解的前提。耐心的倾听最能够表达你对朋友的关怀和尊重。

其次，要尊重对方的感受，不要以自己为中心

有的人听了朋友的倾诉后，喜欢发表自己的意见，对朋友的感受不闻不问，甚至把自己相似的经历拉出来回顾一番，说自己当时是怎么做的，然后教导对方应该怎样。这样做的目的当然是出于好心，想帮助朋友解决问题，但是效果往往不佳。在安慰朋友时，一定要让对方做主角，尽量让他多说话，说出自己的想法，也不要对朋友的想法和感受表露出不解甚至不屑，这只会雪上加霜，让他更加难过。

第三，要尽可能乐观，同时还要切合实际

我们有时故意夸大乐观的一面来安慰朋友，恰恰招来对方的反感，觉得是在骗他、糊弄他，故意说点好听的，因此我们在安慰时，说话尽量要中肯，客观地分析问题，但引导他积极乐观。

第四，主动提供具体的援助

一个伤恸的人，可能对日常生活的细节感到不胜负荷。你可以自告奋勇，向他表示愿意替他跑腿，帮他完成一项工作，或是替他接送学钢琴的孩子。“我小腿骨折时，觉得生活完全不在我的掌握之中。”一位有个小女孩的离婚妇人说，“后来我的邻居们轮流替我开车，使我能够放松下来。”

有时候，再多的言语也比不上实际的行动。在朋友失意时，为他做一些力所能及的事情，比起那些“别难过”“别担心”的话更能让对方感受到你的关心，也让对方更加有信心走出困境，这恐怕才是最好的安慰方式。

他人郁闷时，多说些让他宽心的话

许多人忧郁烦恼时，常常是因为心里有事想不开，或为名、或为利、或为情，自己心理不能平衡，总觉得自己吃亏倒霉。因此，我们在安慰朋友时，要尽量多说些让他宽心的话，引导他向好的一面去想，慢慢走出“死胡同”，等他想开了，烦恼自然消退了。

有一对男女青年小周和小胡，交朋友3年多，在一起看电影、下馆子，关系挺密切。可是，当小周把结婚的东西置办齐，要小胡和他去登记结婚时，小胡却突然与他中断了恋爱关系。小周去她家理论，又被拒之门外。他又气又恨，在门外叫骂，用头撞大门，要死在她家门外。

这时，正好小周单位的同事经过，就跑过来问他："你们之间有爱情吗?"小周被问得沉默了。同事又说："光在一起看看电影，逛逛街，吃吃喝喝，那不是爱情。真正的爱情不是用钱可以买来的。再说，'强扭的瓜不甜'，既然人家不爱你，你何必强求呢？你现在还年轻，为一个不爱你的姑娘去死，多不值得？你业务能力强，又有上进心，将来事业不可限量，只要好好干，还愁找不到一个好媳妇?"一番话把愁眉苦脸的小周说得眉眼舒展开了。

小周的失恋已成事实，且已经无法改变，想办法破镜重圆恐怕也是难以实现了。此种情况下，同事有意把小周的视线从眼前的糟糕状况中转移开，引导他放眼未来，同时给他指出开创未来的两点优势：年轻、工作上进，强调只要充分利用这些优势，就一定能够找到称心的人生伴侣。这样，小周的精神上有了寄托，精神状态也就好转了。

此外，当朋友遭遇困境时，对他表示肯定和鼓励也是不错的方法。

英国浪漫主义时期的大文豪斯科特，著作颇丰，不仅对英国小说史有划时代的影响，对当时的俄国、法国、美国文坛也激发出了新的动力。

可是，这样一个大文豪小时候并不优秀。身患小儿麻痹症的他，右脚行动不便，身体孱弱，几次重病差点丧命，本来就有些自卑，加上成绩不如人，便成了"学校怪胎"，言行常常不礼貌，爱缺课，学期末的评语总是很糟。只有一位老师知道，他虽然厌恶功课，对读书却充满兴趣，这位老师不停地给予他鼓励，而这也正是他的人生转折点。

成名后的斯科特曾回自己的母校参观，感触良多地问学校老师：“现在学校成绩最差的孩子是谁?”然后，他学习当年看重他的那位贴心老师，告诉那位被称为最差的红着脸的小朋友说：“你是个好孩子，我当年也跟你一样，成绩很差，不要灰心。”说完，他并从口袋掏出一枚金币送给这个孩子。

“一句话改变一个人的一生”，这句话在那个小朋友的身上应验了，他最终从爱丁堡大学毕业，成了优秀的职业律师。

到底是什么让学习成绩最差的那位学生成了一名优秀的律师，让一个问题学生成为一个大文豪？那就是一份希望，别人给他的一份希望，这也就是鼓励的艺术。

有人说，鼓励的艺术最高的境界会带给人新的希望。当一个人心情落到谷底时，只要有人对他说，“你一定可以渡过难关的”，或者说一句“我相信你可以做得到”，或者说“大家与你同在，会帮助你的”，都能给予人坚持下去的勇气和力量。

所以，当你安慰别人时，需要真正读懂对方的心，你可以给他一个希望的目标，在这份希望的指引下，他就可以很快走出失意，重新面对新生活。

真诚相待才受朋友欢迎

有这样一个感人的故事：

在美国西部的一个小镇上，少女安妮由于意外事故，成了“植物人”。现代化的医疗手段无能为力，安妮醒来的希望极为渺小，她的父母悲恸欲绝，而安妮的朋友东妮每天都来到她的床前，抓住安妮的手，轻轻呼唤她的名字，仿佛在同一个正常的人娓娓而谈，日复一日，年复一年，奇迹终于出现了，真诚战胜了死神，东妮的呼唤居然使安妮苏醒过来了。

这是朋友之间的真诚产生的奇妙的力量。茫茫人海，芸芸众生，我们在生活中与朋友相处怎能缺少真诚呢？

美国心理学家诺尔曼·安德林在 1968 年曾设计过一张表格，他列出 555 个描写人的形容词，让人们指出其中哪些人品最让人喜爱。结果表明，被人喜欢的选项中，位居前几位的竟有 6 个是与“真诚”有关的，而在评价最低的人品中，虚伪居首位。这说明了真诚的人能让人产生一种安全感，从而受人欢迎；虚伪的人让人讨厌，难结良友。要以诚待友，主要应做到以下几点：

1. 对朋友要讲真话

真正的朋友之间必定会有思想交流。自己对人、对事的看法，即使与朋友的看法相悖，也不应隐瞒。有的人从不向朋友说出心里话，该让朋友知道的事情也从不说出口，或者习惯兜着圈子说话，甚至自己有求于朋友时，也隐瞒真实情况，使朋友在帮助的过程中，因情况不明而陷入尴尬境地。这种交友态度，肯定是交不到真正的朋友的。

2. 赞美朋友要诚心

朋友在工作中取得了成绩，事业上获得了进展，我们应该为之高兴，诚心实意地给予赞美，和朋友一起分享快乐，这是友谊的表现。但是，赞美朋友要诚心，不要过于吹捧，阿谀奉承，这样对朋友是不利的。

3. 要诚恳指出朋友的缺点

奥斯特洛夫斯基说：“友谊间的首要真诚，就是对朋友过失的批评。”对朋友的缺点能诚恳地提出批评，这对形成双方的友谊是十分宝贵的。

虽然各奔东西，陈玉怎么也不会忘记大学里与自己同居一室的梅姐。梅姐很具长者风范，很会照顾陈玉及别的姐妹，但对于姐妹的缺点也绝不姑息。陈玉有乱放东西的习惯，梅姐就对其屡犯屡说，每次，陈玉都觉得十分尴尬，很生气，可终于改正了这个习惯。气归气，但终能理解梅姐的苦心，心里很是感激，那是一种真爱。

4. 对朋友多一些体谅和理解

生活本来就充满矛盾，这是人与人之间产生误解和隔阂的根源，是通向友谊王国的“拦路虎”。与真心朋友交往就要给对方多一些理解，多站在别人的立场和角度来为他着想，这也就是所谓的“穿朋友的鞋子”。

古人说：“同师曰朋，同志曰友。”《世说新语》里记载，管宁和华歆同席读书，同师教导，其朋友之情有多深厚，不得而知，但割席绝交是一件极其让人痛心的事。古代圣贤讲究君子安贫乐道，耻言富贵，管宁割席的缘由正是华歆有崇尚富贵之嫌。人们历来赞赏管宁的品节高尚，但从社交之道来看，管宁就因为一点点“富贵之嫌”，就无丝毫规劝，轻而易举地“废”掉了人生占重要地位的友谊吗？

其实，管宁对朋友似乎太苛刻了，他们之间缺乏理解和体谅。所以，我们交友不一定得要求别人各个方面都完全符合自己，我们只要取其志同道合、情投意合就可以与他结为朋友，最后发展为知己。

要成为知心朋友，很简单也很难，说简单是因为你并不需要有万贯家财、聪明绝顶，说难是因为人性中从来就有自私、嫉妒之心，因此，我们只有对朋友以真诚相待，才能够用真心换真心。

你对朋友知心，朋友也会对你知心

生活中有一些人是相当封闭的，当对方向他们说出心事时，他们却总是对自己的事情闭口不谈。但这种人不一定都是内向的人，有的人话虽然不少，但是从不触及自己的隐私，不谈自己内心的感受。

有些人社交能力很强，他们可以饶有兴趣地与你谈论国际时事、体育新闻、家长里短，可是从来不会表明自己的态度。

而一旦你将话题引入略带私密性的问题时，他就会插科打诨转移话题。可见，一个健谈的人，也可能对自身的敏感问题有相当强的抵触心理。相反，有一些人虽不善言辞，却总希望能向对方袒露心声，反而能很快和别人拉近距离。

小敏是同宿舍中最擅长交际的一个，并且人也长得漂亮。但同宿舍甚至同班的其他女孩都找到了自己的男朋友，唯独漂亮、擅长交际的小敏仍是独自一人。

为什么呢？原来她身边的同学都表示，她太神秘，别人很难了解她。和她有过接触的男同学也说，刚开始和她交往时，感觉她是个活泼开朗的女孩，但时间一长，就发现她很自私。小敏一直对自己的隐私讳莫如深，也从不和别人谈论自己，每当别人问起时，她就把话题岔开，怪不得同学们都觉得她神秘呢！

人之相识，贵在相知；人之相知，贵在知心。要想与别人成为知心朋友，就必须表露自己的真实感情和真实想法，向别人讲心里话，坦率地表白自己、陈述自己、推销自己，这就是自我暴露。这样以诚相待，不仅可以让别人读懂你，也有利于你读懂别人。

当自己处于明处，对方处于暗处，你一定会感到不舒服。自己表露情感，对方却讳莫如深，不和你交心，你一定不会对他产生亲切感和信赖感。当一个人向你表白内心深处的感受，你可以感到对方信任你，想和你达到情感的沟通，这就会拉近彼此的距离。

在生活中，有的人知心朋友比较多，虽然他（她）看起来不是很擅长社交。如果你仔细观察，会发现这样的人一般都有一个特点，就是为人真诚，渴望情感沟通。他们说的话也许不多，但都是真诚的。他们有困难的时候，总会有人来帮助，而且很慷慨。

而有的人，虽然很擅长社交，甚至在交际场合中如鱼得水，但是他们却少有知心朋友。因为他们习惯于说场面话，做表面文章，交朋友又多又快，感情却都不是很深。因为他们虽然说了很多话，却很少暴露自己的真实感情。

实际上，人和人在情感上总会有相通之处。如果你愿意向对方适度袒露，总会发现相互的共同之处，从而和对方建立某种感情的联系。向可以信任的人吐露秘密，有时会一下子赢得对方的心，赢得一生的友谊。

小鱼是某大学的研究生，刚入学不久，她就热衷于自我暴露。一天早上上课，课间时分，坐在前排的她转过身和一位同学借笔记，还回来时笔记本里竟然夹了一张男生的照片，于是小鱼打开了话匣子，跟后面的同学聊了起来，说那是她在火车上认识的新男友，正在热恋当中。她从自己和男友在哪儿租了房子、昨天买了什么菜、谁做的晚饭，说到她如何幸福，甚至说到二人世界里亲密的小细节……

这样的事情有很多，而且她经常不分时间、场合随便就跟别人讲自己的一些私事。到后来，同学们一见到她就躲开了，大家都受不了她了。

我们可以看出，在人际交往的过程中，自我暴露要有一个度，过度的自我暴露反而会惹人厌。

在人际交往中，自我暴露应注意以下几个问题：

1. 自我暴露应遵循对等原则

当一个人的自我暴露与对方相当时，才能使对方产生好感。比对方暴露得多，则给对方以很大的威胁和压力，对方会采取避而远之的防卫态度；比对方暴露得少，又显得缺乏交流的诚意，交不到知心朋友。

2. 自我暴露应循序渐进

自我暴露必须缓慢到相当温和的程度，缓慢到足以使双方都不感到惊讶的速度。如果过早地涉及太多的个人亲密关系，反而会引起对方的忧虑和不信任感，认为你不稳重、不敢托付，从而拉大了双方之间的心理距离。

真正的亲密关系是建立得很慢的，它的建立要靠信任和与别人相处的不断体验。因而，你的“自我暴露”必须以逐步深入为基本原则，这样，你才会讨人喜欢，才能交到知心朋友。

要想友谊长存，就要感激和回报别人的帮助

朋友之间的友情，既需要真心诚意，也需要感激与适当回报。

一位长期生活在中国的美国人杰姆曾说，他很喜欢东方的女孩子。他表示，西方女性把男士们的“绅士行为”视为“理所当然”。男士们帮女士提重物、搬东西，“理所当然”；男士帮女士开门、拉椅子，“理所当然”。同时，在西方教育背景下，男士也视这些绅士行为“理所当然”。

杰姆有一次因为扩大经营的需要，他们部门要从10楼搬到8楼，每个人必须把自己的东西以及一桌一椅搬下去。杰姆搬了一张椅子，发现真的很重，他担心女孩子搬不动，于是他告诉女同事，椅子交给他们有力气的男同事去搬。结果一路上，女同事陪他们聊天，搬完了，还忙着倒开水、泡咖啡给他们喝，让男同事们很是愉快。“如果在我们国家，搬重物理所当然是男孩子的工作，没有人会陪你聊天，没有人会感激地倒开水、泡咖啡给你喝。也许中国人没这个观念，但是中国女孩子体恤别人的作风，真的非常可爱，我们帮她们，不但乐意，而且开心，这种受人尊重的感觉真好。”

很多时候，我们会把别人对自己的好视为理所当然，朋友喜欢我们，我们当然不介意被“麻烦”，一些小事情也“帮”得十分乐意。可是俗话说：“受人点滴，涌泉相报。”就是要我们常怀感恩的心，记得朋友的好。

与人相处我们当谨记一件事，“天底下没有谁帮谁是理所当然的，今天人家抽空过来那是人情，即使有钱可赚，也应心怀感激”。也许有人会说，找朋友帮忙，给几个钱或是请他吃顿饭，送个东西，好像把友谊给贱卖了，把朋友的交情看俗了。不！适度地表达我们的感激是必要的。也许我们不懂得比较“高尚”的做法，但吃顿饭、送个小礼物，也能表达我们的感谢。它的作用不在于“礼”的轻重，而是心意的表示，让朋友知道他这个忙帮得有“价值”，也许在他而言是举手之劳，对你来说却是很重要的。

最重要的是，你说出来了，他也听到了，知道你有多在乎这件事。就像杰姆的女同事，一路陪他们聊天，事后还倒开水、泡咖啡，没花什么钱，却十足表现了她们的感激之情，而杰姆他们也感受到了，同时还说“很愉快”。

天下没有谁帮谁是理所当然的，不论是朋友、同事，或是上司与下属之间，都可以和谐相处，也可以为你赢得人缘。因为对方从你身上，处处得到尊重，时时获得感激，这对他而言，有了人格上的自我满足，那么他自然乐于与你共事，与你做朋友。

对朋友的秘密守口如瓶

古时候，有个小国的使者到相邻的大国朝见，进贡了三个一模一样的金人，让皇帝高兴极了。可是这小国的使者同时出了一道题目：“这三个金人哪个最有价值？”

皇帝想了许多的办法，请来珠宝匠鉴定，称重量，看做工，没有任何区别，都是一模一样的。怎么办？使者还等着回禀呢。泱泱大国，不会连这个小事都不懂吧？最后，有一位老臣说他有办法。

皇帝将使者请回大殿，老臣胸有成竹地拿着稻草，插入第一个金人的耳朵里，稻草从另一边耳朵出来了，第二个金人的稻草从嘴巴里直接出来了，而第三个金人，稻草进去后直接进了肚子，没有出来。老臣说："第三个金人最有价值!"使者回答："答案正确。"

稻草从第一个金人的另一边耳朵里出来，这是指这个金人听事却不记事；第二个金人的稻草从嘴巴里出来，就是说这个金人听事后就随意传播出去；而最后那个金人的稻草却进了肚子，说明他把事情保守得很好，不会轻易向他人宣扬。我们做人也应该是这样，只有保守秘密、不传闲话的人才最有人缘。

交朋友有不少准则，而其中，交友的第一条准则是"为朋友保守秘密"。乍一听，令人感到有些奇怪，为什么不是别的，偏偏把"为朋友保守秘密"定为第一准则呢?

秘密，是任何人都有的。一个孩子，长到 13 岁，自我意识增强了，他就开始在一定的范围内向别人保密，即使是对最亲近的父母，也不例外。可是，对自己的好朋友，他却可以敞开胸怀，说出自己的秘密。

但是，有一个条件，他把自己的秘密告诉了你以后，你得为他保密，不然，以后他就再也不会把秘密告诉你了。这种要求朋友保密的愿望，会随着年岁的增长而越来越强烈。

每个人总有一些属于个人隐私的东西，既然是"隐私"，就不会广为人知，有的就只能在挚友之间"你知、我知"。与朋友交往，需要读懂这一点，学会为朋友保守秘密。

隐私权在西方社会是一种很普遍的公民权利，是最基本的人权之一。比如，自己的私生活，一般不会让朋友过问；自己的财产，也不会轻易向朋友公开；除非受到邀请，是不会随便去朋友家中"串门"的；除非相约，是不会与朋友一起吃饭的……

朋友之间常常会分享许多秘密，分享秘密是朋友之间亲密和信任的表现，也是考验朋友的难题，对朋友的秘密守口如瓶，朋友才会对你更加信任，友谊才能不断加深。

超限效应：再好的朋友也应保持距离

心理学上有一个词叫做“超限效应”，指由于刺激过多、多强或作用时间太长而引起心理不耐烦和逆反的现象。朋友之间，经常性的接触是必不可少的，然而如果过度亲密，则会过犹不及。再好的朋友如果天天见面，也未必是一件好事。保持一定的距离，这样才能让友谊之情长久!

交到好朋友难，而保持友情更难。彼此是好朋友，那为何还要保持距离?这样会不会让朋友间彼此疏远，显得缺乏继续交往下去的诚意呢?你肯定会为这些问题担心。但事实证明，很多人友情疏远，问题就恰恰出在这种形影不离之中。

距离是人际关系的自然属性。有着亲密关系的两个人也毫不例外地成为好朋友，只说明你们在某些方面具有共同的目标、爱好或见解以及心灵的沟通，但并不能说明你们之间是毫无间隙，可以融为一体的。任何事物都存在着独自的个性，事物的共性存在于个性之中。共性是友谊的连接带和润滑剂，而个性和距离则是友谊相互吸引并永久保持其生命力的根本所在。

人一辈子都在不断地交新的朋友，但新的朋友未必比老的朋友好，失去友情更是人生的一种损失，因此要强调：即使是非常要好的朋友，也要读懂对方，尊重对方的个性，保持适当的距离。

在文坛，流传着一个关于两位文学大师的故事：

加西亚·马尔克斯是1982年诺贝尔文学奖获得者，巴尔加斯·略萨则是近年来被人们说成是随时可能获得诺贝尔文学奖的西班牙籍秘鲁裔作家。他们堪称当今世界文坛最令人瞩目的一对冤家。他俩第一次见面是在1967年，那年冬天，刚刚写完《百年孤独》的加西亚·马尔克斯应邀赴委内瑞拉参加一个他从未听说过的文学奖项的颁奖典礼。

当时，两架飞机几乎同时在加拉加斯机场降落。一架来自伦敦，载着巴尔加斯·略萨，另一架来自墨西哥城，它几乎是加西亚·马尔克斯的专机。两位文坛巨匠就这样完成了他们的历史性会面。因为同是拉丁美洲“文学爆炸”的主帅，他们彼此仰慕、神交已久，所以除了相见恨晚，便是一见如故。

巴尔加斯·略萨是作为首届罗慕洛·加列戈斯奖的获奖者来加拉加斯参加授奖仪式的，而马尔克斯则专程前来捧场。所谓殊途同归，他们几乎手拉着手登上了同一辆汽车。他们不停地交谈，几乎将世界置之度外。马尔克斯称略萨是“世界文学的最后一位游侠骑士”，略萨回称马尔克斯是“美洲的阿马迪斯”；马尔克斯真诚地祝贺略萨荣获“美洲诺贝尔文学奖”，而略萨则盛赞《百年孤独》是“美洲的《圣经》”。此后，他们形影不离地在加拉加斯度过了“一生中最有意义的 4 天”，制定了联合探讨拉丁美洲文学的大纲和联合创作一部有关哥伦比亚—秘鲁关系的小说。略萨还对马尔克斯进行了长达 30 个小时的“不间断采访”，并决定以此为基础撰写自己的博士论文。这篇论文也就是后来那部砖头似的《加夫列尔·加西亚·马尔克斯：弑神者的历史》(1971)。

基于情势，拉美权威报刊及时推出了《拉美文学二人谈》等专题报道，从此两人会面频繁、笔交甚密。于是，全世界所有文学爱好者几乎都知道：他俩都是在外祖母的照看下长大的，青年时代都曾流亡巴黎，都信奉马克思主义，都是古巴革命政府的支持者，现在又有共同的事业。

作为友谊的黄金插曲，略萨邀请马尔克斯顺便拜访秘鲁。后者谓之求之不得。在秘鲁期间，略萨和妻子乘机为他们的第二个儿子举行了洗礼；马尔克斯自告奋勇，做了孩子的干爹。孩子取名加夫列尔·罗德里戈·贡萨洛，即马尔克斯外加他两个儿子的名字。

但是，正所谓太亲易疏。多年以后，这两位文坛宿将终因不可确知的原因反目成仇、势不两立，以至于1982年瑞典文学院不得不取消把诺贝尔文学奖同时授予马尔克斯和略萨的决定，以免发生其中一人拒绝领奖的尴尬。当然，这只是传说之一。有人说他俩之所以闹翻是因为一山难容二虎，有人说他俩在文学观上发生了分歧或者原本就不是同路。更有甚者是说略萨怀疑马尔克斯看上了他的妻子。后来，没有人能再把他们撮合在一起。

可见，朋友相处，重要的是双方在感情上的相互理解和遇到困难时的互相帮助，而不是了解一些没有必要的东西。中国古老的箴言：君子之交淡如水，便饱含了这一道理。那么，真诚地对待你的朋友时，不要一口气把友情用光，保持距离、用心经营才是上策。

测试：他是你的患难之交吗

大千世界、芸芸众生，茫茫人海中，朋友能够相遇，能够走到一起，彼此相互认识，相互了解，相互走近，实在是缘分。但是他真的是你推心置腹的患难之交吗？你可以从下面的测试题中找到答案。

开始测试

有一天，你临时缺钱而向朋友借钱，你的朋友的反应是？

A. 马上翻皮包，东找西找，有多少借你多少

B. 双手交叉胸前，问你要借多少

C. 想了一下，手摸着鼻子或遮着嘴巴，说他也没带钱

D. 双手叉在背后，慢条斯理地问你要多少

测试结果

选A：这种朋友对你来讲，可以说是个难得的患难之交。他的热心助人是没话讲，不过似乎也太冲动了些，或许他是信得过你，或许他是本性如此，像他这样热心有余、细心不足的

人，是很容易被人骗的。所以，奉劝你，如果你有这种朋友，跟他借钱之后，千万不要赖账，因为这种敦厚老实的好人不多了，而且一旦他对你的信用失去信心，以后你再也别想找他借钱。相反，如果你能诚心地对待这种人，以后不管你要借多少次，借多少钱，他都会借给你的。

选B：你在借钱时，最好能察言观色一番，像这种朋友虽然嘴巴问你要借多少钱，但是心底有一百个不愿意。为什么？因为他的双手会不自觉地交叉胸前，这个动作其实是潜意识中的意思，主要是暗示你最好不要借。或许他是有钱，可是又不好意思不借给你，但是要借给你，他心底又很不放心，于是就会有这种小动作出现。如果你看到这样的肢体语言，最好找别人借，不然就是多说几句好话，或者是多给对方一些好处，或许成功的机会比较大。

选C：这种朋友不交也罢！为什么？因为他的动作很明显地表示他是根本就不想借给你钱，而且跟你说没钱，还是看你的面子，不想让你太难堪，否则就直接跟你讲："就算把钱丢在水沟里，也不会借给你！"由他的动作中，你可以很清楚地看出来，他在讲话的时候，总是会很巧妙地摸摸鼻子，或是假装嘴边很痒，要去抓一抓，不然就是很明显地遮着嘴巴说话。这些都是人在说谎的时候会有的下意识动作，只是他自己没发觉罢了。如果你看到对方有这样的举动，那就趁早打消念头吧！

选D：在讲话时会把双手藏在背后的人，很明显的是不肯对你坦诚相见的意思。而且他说话时还慢条斯理的，更说明了他是个很聪明又心机很重的人。这种人最大的特色就是他从不说不经过大脑转三圈的话，说白一点就是从他嘴巴说出的话，都是经过大脑分析过的话。他之所以会把双手藏在背后，就是怕他的手会不听使唤地露出潜意识的信息。而当他问你要借多少时，就表示了他仔细评估之后，认为你有还钱的可能，至少不会对他造成损失，所以会借给你，但你先不要高兴得太早，他通常都会有一些条件的。因为，天下没有白吃的午餐。

第二节　善用同理心，成功结交陌生人

首因效应：第一次见面就留下好印象

心理学中有一个词叫“首因效应”，首因效应强调的是第一印象的重要性，对于每一个人，无论别人对他的第一印象是正确的还是错误的，大部分人都依赖于第一印象的信息，而这个第一印象的形成对于日后的决定起着非常大的作用。它比第二次、第三次的印象和日后的了解更重要。第一印象的好与坏几乎可以决定人们是否能够继续交往。人的第一印象一旦形成，就很难改变，如果第一印象不好，也许下面的事情就可能失败。而良好的第一印象是一把在首次相见中能够打开机遇大门的钥匙。

英国伦敦大学学院一位系主任在谈到一位讲师时说：“从她一进门，我就感到她是我所渴望的人。她身上散发着某种精神，被她那庄重的外表衬托得越发迷人。因为只有一个有高度素养、可信、正直、勤奋的人才有这样的光芒。30 分钟之后，我就让她第二天来系里报到。她没有让我失望，至今她是最优秀的讲师。”这个激烈角逐的位置就这样由于一个迷人的第一印象落到了这位中国女博士的手中。

尽管人们理直气壮地告诉别人，不要仅凭一个人的外表妄下结论。但事实上是，全世界的人都在这么做。美国勃依斯公司总裁海罗德说：“大部分人没有时间去了解你，所以他们对你的第一印象是非常重要的。如果你给人的第一印象好，你才有可能开始第二步，如果你留下一个不良的第一印象，很多情况下，我们会相信第一印象基本上准确无误。对于寻求商机的人，一个糟糕的第一印象，就失去潜在的合作机会，这种案例数不

胜数。你必须花费更多的时间才能够抹去糟糕的第一印象。”

可见，第一印象对于人们来说有着太大的作用，但常常被人们忽视。如果你不想失去任何成功的机会，如果你想在人际交往中如鱼得水，那么请别忘记第一印象的作用，因为人往往会根据第一印象判断人，你需要读懂这一点，并且要努力给别人留下良好的第一印象。

谈谈相似经历，成为“同道中人”

俗话说“巧妇难为无米之炊”，没有话题，谈话就没有焦点。陌生人见面，如果尽是客套寒暄，没有实际意思，那陌生人终究还是陌生人，陌生的局面终究还是化不开。因此，就要寻找共同话题，从相似的经历出发，迅速和对方成为“同道中人”。

事前规划，可事半功倍。与陌生人交往之前，要尽量对对方的职业、性格、兴趣等有一个比较全面的了解，这样，在交往过程中你就能做到有的放矢。

清末，在大太监李莲英的保荐下，盛宣怀受到权势显赫的醇亲王的接见，详细汇报有关电报的事宜。盛宣怀以前没有见过醇亲王，但与醇亲王的门客张师爷过从甚密，从他那里了解到了醇亲王两个方面的情况：

第一醇亲王不认为中国人比洋人差，自己的一套才是最好的。

第二醇亲王虽然好武，但自认为书读得不少，颇具文人风范。

盛宣怀了解到这些情况后，就抄了些醇亲王的诗稿，背熟了好几首，以备不时之需。“文如其人”这句话一点都不错，盛宣怀还从醇亲王的诗中悟出了些醇亲王的心思。

谒见之时，当他们谈到电报这一名词的时候，醇亲王问：“那电报到底是怎么回事?”

“回王爷的话，电报本身并没有什么了不起，就是一个传递信息的工具，所谓‘运用之妙，存乎一心’，如此而已。”

醇亲王听他能引用岳武穆的话，不免有所欢喜，随即问道：“你也读兵书？”

“在王爷面前，怎么敢说读过兵书？不过英法内犯，皇帝大臣人人忧国忧民，那时如果不是王爷神武，力擒三凶，大局真不堪设想了。”

盛宣怀略停了一下又说：“那时有血气的人，谁不想洗雪国耻，宣怀也就是在那时候，自不量力，看过一两部兵书。”

盛宣怀真是三句话不离醇亲王的“本行”，他接着又把电报的作用描绘得神乎其神，醇亲王也觉得飘飘然，觉得中国非办电报不可。后来醇亲王干脆把督办电报业的事托付给盛宣怀。

从上面这个例子我们明白，当你要特意去结识一位陌生人时，一定要多加准备，将其当成你人生中的一个重要经历。你可以通过多种渠道事先了解对方的背景、经历、性格、喜恶，在对对方基本情况了如指掌的前提下，读懂对方的心思，还要设想有可能出现的变故，做好以不变应万变的心理准备。求同存异，在交往中要尽力寻找双方在兴趣喜好等方面的共同点，以加深彼此交流。“酒逢知己千杯少”，两个意气相投的人碰到一起，往往能产生相见恨晚的感觉，双方日后的交往也会变得如鱼得水。

两个人刚见面时，不知道对方的性格、爱好、品性如何，往往会陷入难熬的沉默与尴尬之中。这时我们应当主动地在语言上与对方磨合，找到彼此的共同点或者相似的经历，例如在同一个城市生活、工作过，有相同的兴趣爱好，从事相似的职业，等等。如果彼此完全陌生尚未相识，那就要察言观色，以话试探，寻求共同点，抓住了共同点就抓住了可谈的话题。如果对方有什么顾虑，或是沉默的原因不明，那就没话找话说，随便找个话题，引起对方的兴趣，说个笑话，谈点趣闻都可以活跃气氛。

总之，在和陌生人交往时，不妨多多寻求彼此在兴趣、性格、阅历等方面的共同之处，使双方在共同的话题中获得更多关于对方的信息，迅速拉近距离，增进感情。

直呼其名，缩短彼此的心理距离

在和陌生人接触时，一个比较关键的细节就是该如何称呼对方。称呼得好，就可以迅速拉近彼此之间的心理距离，使双方很快建立友好关系；称呼得不到位，双方还是会形同陌路，关系难以发展，生意也就比较难做了。对于一些比较大众化的称呼来说，一般也不要使用，这会使对方感觉你和别人完全一样，没什么特别的，你们之间的关系也是一般而已。所以你应该使用一些比较特别的让别人感觉亲近的称呼，来迅速改变你们的关系。

在平常生活中，你可能听到这样的话，也可能对别人说这样的话：不用称我老师，叫我名字就行了。听了这话或说了这话，你和他（她）便感觉彼此的关系进了一步。在爱情片中，我们常常看到男女主人公这样的对白：不要叫我××，叫我阿×吧。看到这，你就知道，两人的关系发生了变化，至少某一方希望另一方认为两人的关系发生了变化。为什么会这样呢？因为彼此的称呼与彼此的心理距离有关。也就是说，两个人称呼的改变，通常意味着两个人心理距离的变化。与人交往，需要读出称呼里隐藏的信息，从而合理使用，使人际关系更融洽。

众所周知，对初次见面的人，一般会以对方的姓加上头衔，如×经理、×大夫、×老师等，而不直接以名字相称。时间长了，相处久了，熟悉了，才会直呼其名。也就是说，以名字相称是建立在两个人相对亲密的关系上的。当两个人心理上的距离愈来愈靠近时，他们的称呼也会从姓加头衔，然后到名，再到昵称。

我们也常常看到，某个人与另一个人虽然见面不久，关系不算是亲密，但他也以名字或昵称来称呼对方。这意味着什么？意味着他希望尽快拉近与对方的关系。这也是政治家们将对手“化敌为友”的惯用手法。面对一个从未谋面的人，他们也能够用一种非常自然、非常亲切的口吻喊出对方的名字。

这种通过改变称呼来拉近彼此间心理距离的方法，在销售行业也广为利用。

有一个业务推销员，一次要去拜访一位房地产公司的老总。房地产公司有位前台小姐叫钟晓慧。钟晓慧作为一位接待小姐，每天都要接触不少的访客，她可以清楚地区分哪些人亲切或哪些人不亲切。推销员要想见到老总，必须先过了她这一关。

第一次拜访时，推销员以锐利的眼神专注地看着她胸前的名牌标志，然后神采奕奕地和她打招呼：“钟小姐，我是李总的朋友，我有很重要的私人事情要和他谈。”“对不起，今天李总吩咐不见客。”钟晓慧一点都不给他面子。

第二天，推销员又来了。他这次改变了风格，在彼此熟悉之后，他说道：“呀，改变发型了，很配合你的风格嘛，以后就叫你‘晓慧’好了。晓慧，我今天有重要的事情得跟李总谈，请转告一声。”他说完后热切地看着钟晓慧。钟晓慧这次变得非常爽快，立刻带他去见李总。

一般而言，“×小姐”是比较正式的称呼，如果总是运用这样的称呼，给对方的感觉是你始终和她保持着一段距离，她自然就要和你也保持距离了。但是，直接称呼对方的名字，是关系很好的朋友之间才用的，推销员很自然地改变称呼，便会迅速拉近彼此之间的距离，加深双方之间的关系。可见，如果总是局限于陌生人的礼仪，你是根本无法再进一步加强两个人的关系的。要想与陌生人迅速建立关系，或者改变你与朋友、顾客、客户之间的关系，就要改变你对他们的称呼，用一些亲切的称呼来拉近彼此的距离。

当然，就一般的生意场合而言，如何改变称呼还是要看具体情况，并不是越早改变称呼就越好，也不是一上来就直接称呼对方名字就好，你应该根据双方关系的进展情况来随机应变。有时你必须留出一段时间让对方慢慢习惯，不要太过急躁，否则会显得轻浮。在改变称呼时要不留痕迹，尽显自然。例如胡雪岩在初次拜见稽鹤龄时，先是称对方为“稽大哥”，然后称“老兄”，最后又改为“鹤龄兄”，在不露声色中就将彼此的关系加深，并且不着一丝痕迹，这种高超的交际手腕和生意手段着实令人感叹。

在生活中，这种交际方法也常为我们所用。比如，遇到一个难以接近的朋友，你试图接近他（她），不妨直呼其名或者请他（她）直接叫你的名字。面对你的同事，你希望与他（她）走得更近，不妨偶尔称呼他（她）的昵称或让他（她）称呼你的昵称。当然，你要表现得尽可能地自然，不要让对方感觉你是在装腔作势。如果真能那样，你们的距离就能因此而拉近，事情便很容易解决。

来点幽默，对方更乐意向你靠近

幽默的力量体现在沟通上，就像我们打开电灯开关，电力便沿着电线输送到电灯上一样，只要按下幽默的按钮，也能促使一股特别的力量源源而来。我们可以把这股幽默的力量导向他人，并与他人直接沟通，使我们和他人相处不至于紧张。在人际交往中，幽默的人总是受人欢迎，因为他能够给大家带来无尽的快乐，懂得了这一点，就更能赢得人心。幽默的人在结识陌生人方面往往比较成功，因为人们很难讨厌能让他们笑起来的人。在与陌生人相处时，幽默的言语能够巧妙地化解尴尬，让别人开心一笑，就自然而然地就拉近了彼此的距离。

为了丰富学生的课余生活，某大学专门邀请一位著名教授举办了一个讲座，但由于临时改变地点，时间仓促，又来不及通知，结果到场的人很少。教授到了会场才发现只有十几个人参加。

教授有点尴尬，但不讲又不行，于是随机应变，说："会议的成功不在人多人少，今天到会的都是精英，我因此更要把课讲好。"这句话把大家逗得开怀大笑。这一笑，活跃了气氛，再加上教授讲课充满激情，使得那一次讲座非常成功。

当然，在幽默的同时还应注意，重大的原则总是不能马虎，不同问题要不同对待，在处理问题时要极具灵活性，做到幽默而不落俗套，不失体面地博得他人一笑，这样才能有效拉近与他人的关系。

微笑，赢得他人好感的法宝

有句谚语说得好：微笑是两个模特之间最短的距离。在人际交往中，真诚的微笑可以拉近人与人之间的距离。尤其是初次见面时，人通常会有一种不安的感觉，存有戒心。因此，你要读懂人心，尽力消除别人的戒心。而微笑是人际关系的润滑剂，可以消除这种初次见面的心理状态，让人与人之间的沟通变得更容易。有人做了一个有趣的实验，以证明微笑的魅力。

他给两个模特分别戴上一模一样的面具，上面没有任何表情。然后，他问观众最喜欢哪一个人，答案几乎一样：一个也不喜欢，因为那两个面具都没有表情，他们不想选择。

然后，他要求两个模特把面具拿开，现在舞台上有两个不同的个性，两张不同的脸。他要其中一个人把手盘在胸前，愁眉不展并且一句话也不说，另一个人则面带微笑。

他再问每一位观众："现在，你们对哪一个人最有兴趣？"答案异口同声："是面带微笑的人。"

任何一个人都希望自己能给别人留下深刻的印象，赢得别人的好感，而微笑就是最得力的武器。试想，当你遇到一位陌生人正对着你笑时，你是否感觉到有一种无形的力量在推着你跟他认识。相反，如果你看到的是一张“苦瓜脸”，你还会有好心情吗？你是不是只能对这种人避而远之呢。

1. 微笑可以以柔克刚

法国作家阿诺·葛拉索说：“笑是没有副作用的镇静剂。”办事时，可能遇到的人有脾气暴躁者，有吹毛求疵者，有出言不逊、咄咄逼人者，也有与你存有隔阂芥蒂的人，对付这些“难对付之人”，含蓄的微笑往往比口若悬河更令人信得过。面对别人的胡搅蛮缠、粗暴无礼，只要你微笑冷静，你就能稳控局面，用微笑放松对方的怒意，以微笑化解对方的攻势，从而以静制动，以柔克刚，摆脱窘境。我国乒乓球选手陈新华在一次与瑞典选手的比赛中总是面带微笑。也正是这微笑，使他在最后的关键时刻，镇定自若，愈战愈勇，使对手束手无策，手忙脚乱，成为手下败将。

2. 微笑是缓和气氛的“轻松剂”

当客人来访或是你走入一个陌生的环境，由于感到陌生或羞涩，往往会端坐不语或拘谨不安。此时，你若微笑，就能使紧张的神经松弛，消除彼此间的戒备心理和压抑感，相互产生良好的信任感和和谐感。记住：要使他人微笑，你自已必须先微笑。

3. 微笑是吸引他人的“磁铁”

社交中，人们总是喜欢和个性开朗、面带微笑的对象交往，而对那些个性孤僻、表情冷漠之人，则总是敬而远之。一个优秀的电视节目主持人、公关小姐、售货员，他们深受人喜欢的奥秘，就是他们具有动人的微笑。

当斯是底特律地区最受欢迎的节目主持人之一，他的受欢迎并不仅仅在底特律而是在全国。有的听众写信给这位声音里带着微笑的主持人，说他们已经听到了他的声音及他主持的节目，并且告诉当斯说，他们透过他的声音看到了他的微笑。

当斯经常“戴上一张快乐的脸”去工作，并不是暂时，而是经常，他把微笑加进他的声音，配合他的演说水平，使观众如沐春风。

当斯说：“当你微笑的时候，别人会更喜欢你，而且，微笑也会使你自己感到快乐。它不会花掉你的任何东西，却可以让你赚到任何股票都付不出的红利。”

当斯正是使用微笑，拉近了与观众的距离，赢得了他人的好感。

把握好开头的5分钟，攀谈就会自然而然

人们第一次相遇，需要多少时间决定他们能否成为朋友？美国伦纳得·朱尼博士在所著的一本书中说：“交际的点，就在于他们相互接触的第一个5分钟。”朱尼博士认为：人们接触的第一个5分钟主要是交谈。在交谈中，你要对所接触的对象谈的任何事都感兴趣。无论他从事什么职业，讲什么语言，以什么样的方式，对他说的话都要耐心倾听。如果你这样做了，你会觉得整个世界充满无比的情趣，你将交到无数的朋友。

而许多人同陌生人说话都会感到拘谨。建议你先考虑一个问题，为什么你跟老朋友谈话不会感到困难？很简单，因为你们相当熟悉。相互了解的人在一起，就会感到自然协调。而对陌生人却一无所知，特别是进入了充满陌生人的环境，有些人甚至怀有不自在和恐惧的心理。你要设法把陌生人变成老朋友，首先要在心目中建立一种乐于与人交朋友的愿望，心里有这种要求，才能有行动。

以到一个陌生人家去拜访为例：如果有条件，首先应当对要拜访的客人作些了解，探知对方一些情况，关于他的职业、兴趣、性格之类。

当你走进陌生人家时，你可凭借你的观察力，看看墙上挂的是什么？国画、摄影作品、乐器……都可以推断主人的兴趣所在，甚至室内某些物品会牵引起一段故事。如果你把它当作一个线索，就可以由浅入深地了解主人心灵的某个侧面。当你抓到一些线索后，就不难找到开场白。

如果你不是要见一个陌生人，而是参加一个充满陌生人的聚会，观察也是必不可少的。你不妨先坐在一旁，耳听眼看，根据了解的情况决定你可以接近的对象，一旦选定，不妨走上前去向他作自我介绍，特别对那些同你一样，在聚会中没有熟人的陌生者，你的主动行为是会受到欢迎的。

应当注意的是，有些人你虽然不喜欢，但必须学会与他们谈话。当然，人都有以自我兴趣为中心的习惯，如果你对自己不感兴趣的人不瞥一眼，一句话都不说，恐怕也不是件好事。别人会认为你很骄傲，甚至有些人会把这种冷落当做侮辱，从而产生隔阂。和自己不喜欢的人谈话时，第一要有礼貌；第二不要谈论有关双方私人的事。这是为了使双方自然地保持适当的距离，一旦你愿意和他结交，就要一步一步设法缩小这种距离，使双方容易接近。

在你决定和某个陌生人谈话时，不妨先介绍自己，给对方一个接近的线索，你不一定先介绍自己的姓名，因为这样人家可能会感到唐突。不妨先说说自己的工作单位，也可问问对方的工作单位。一般情况，你先说说自己的情况，人家也会相应地告诉你他的有关情况。

接着，你可以问一些有关他本人的而又不是秘密的问题。对方有一定年纪的，你可以向他问子女在哪里读书，也可以问问对方单位一般的业务情况。对方谈了之后，你也应该顺便谈谈自己的相应情况，才能达到交流的目的。

和陌生人谈话，要比对老朋友更加留心对方的谈话，因为你对他所知有限，更应当重视已经得到的任何线索。此外，他的声调、眼神和回答问题的方式，都可以揣摩一下，以决定下一步是否能纵深发展。

有人认为见面谈谈天气是无聊的事。其实，这要具体问题具体分析。如果一个人说："这几天的雨下得真好，否则田里的稻苗就旱死了。"而另一个则说："这几天的雨下得真糟，我们的旅行计划全给泡汤了。"你不是也可以从这两句话中分析两人的兴趣、性格吗？退一步说，光是敷衍性的话，在熟人中意义不大，但对于和陌生人的交往还是有作用的。

如遇到那种比你更羞怯的人，你更应该跟他先谈些无关紧要的事，让他心情放松，以激起他谈话的兴趣。和陌生人谈话的开场白结束之后，特别要注意话题的选择。那些容易引起争论的话题，要尽量避免，为此当你选择某种话题时，要特别留心对方的眼神和小动作，一发现对方厌倦、冷淡的情绪时，应立即转换话题。

在一起聚会时，常常会碰到请教姓名的事，"请问你尊姓大名"。你要牢牢记住对方的姓名，对方说出姓名之后，你应立即用这个名字来称呼他，当你碰到一个可能已经忘记了的人，你可以表示抱歉："对不起，不知怎么称呼您？"也可以说半句"您是——""我们好像——"，意思是想请对方主动补充回答，如果对方老练他会自然地接下去。

顺利地与陌生人开始攀谈，给人一个好印象，积累人脉资源为你所用。学会和陌生人攀谈，谁都可能成为你的朋友。

接触多一点，自能陌生变熟悉

美国心理学家扎琼克在 1968 年曾进行了"交往次数与人际吸引"的实验研究。他将被试者不认识的 12 张照片，按概率分为 6 组，每组两张，按以下方式展示给被试者：第一组两张只看 1 次，第二组两张看两次，第三组两张看 5 次，第四组两张看 10 次，第五组两张看 25 次，第六组两张被试者从未看过。

在被试者看毕全部照片后，另外从未看过的第六组照片，要求所有被试者按自己喜欢的程度将照片排序。结果发现一种极明显的现象：照片被看的次数越多，被选择排在最前面的机会也越多。

这也就是所谓的“曝光效应”，人与人之间，交往的频率越高，刺激对方的机会就越多，“重复呈现”的次数越多，越容易形成密切的关系。两个人从不相识到相识再到关系密切，交往的频率往往是一个重要的条件。没有一定的交往，如果像俗话所说的“鸡犬之声相闻，老死不相往来”那样，则情感、友谊就无法建立。

简单的呈现确实会增加吸引力，彼此接近、常常见面的确是建立良好人际关系的必要条件。如果你想结交某人，就要多和对方接触，缩短和对方之间的空间距离和心灵距离，从而拉近彼此的关系。

黎雪和几个好友合伙经营一家广告公司，她打听到国内一家知名企业打算为新产品做广告宣传，就努力争取这笔生意。但她们公司是家新公司，在业内没有什么名气，被拒绝了。黎雪十分气馁，好友为了安慰她，特意邀请她前去自己的新居吃饭。到了楼下，她进了电梯正要关电梯时，一个人急匆匆地赶了过来。黎雪不经意地看了那人一眼，并暗暗惊喜。原来这人正是那家知名企业的宣传部主管，要是能和他拉近关系，还是有望赢得这次机会的。更巧的是，这位主管居然和好友住对门，黎雪不由心生一计，主动和那位主管搭讪：“你好，我是住在你家对门的黎雪，还请多多指教。”

随后，黎雪暂时住在了好友家里，经常制造电梯偶遇的机会。眼看时机成熟，黎雪就在那位主管单独进电梯时，刻意抱了一大堆的资料，急匆匆地跑进电梯。一不小心，资料洒了一地，这些都是黎雪公司精心制作的一些广告作品文本册。主管帮忙捡拾起来，并对这些广告作品十分感兴趣，打听是哪家广告公司的作品。黎雪一脸谦虚："这是我们公司的作品，做得不好，还请多多指教。"

不久，黎雪公司的广告策划案被那位主管推荐给公司，并最终被选中了。

黎雪正是懂得利用邻近心理，多次制造偶遇，增加和那位主管接触的机会，才能借机毛遂自荐，赢得那笔生意。在人际交往中，要想得到别人的喜欢，就得让别人熟悉你，而熟识程度是与交往次数直接相关的。交往次数越多，心理上的距离越近，越容易产生共同的经验，取得彼此的了解和建立友谊，读懂了这一点，就可以适当采取行动，由此形成良好的人际关系。例如，教师和学生、领导和秘书等，由于工作的需要，交往的次数多，所以较容易建立亲近的人际关系。要想赢得别人的好感和信任，就得让别人注意到你，在彼此频繁的接触中由陌生变得熟识。一般来说，接触次数越多，心理上的距离越近，越容易建立友谊，读懂了这一点，就可以适当采取行动，赢得好人缘也就指日可待。

用细微的动作拉近与陌生人的距离

每个人对自己的身体周围都会有一种势力范围的感觉，而这种靠近身体的势力范围，通常只能允许亲近之人接近。如果一个人允许别人进入他的身体四周，就会有种已经承认和对方有亲近关系的错觉，这一原理对任何人来说都是相同的。读懂了人的这种心理特点，就可以采取适当行动，拉近彼此的关系。

例如，我们在百货公司买衬衫或领带时，女店员总是会说："我替你量一下尺寸吧！"这是因为对方要替你量尺寸时，她的身体势必会接近过来，有时还接近到只有情侣之间才可能有的距离，使得被接近者的心中涌起一种兴奋感。

再如，本来一对陌生的男女，只要能把手放在对方的肩膀上，心理的距离就会一下子缩短，有时瞬间就成为情侣的关系。推销员就常用这种方法，他们经常一边谈话，一边很自然地移动位置，跟顾客离得很近。

因此，与陌生人相处时，必须在缩短距离上下工夫，力求在短时间内了解得多些，缩短彼此的距离，力求在感情上融洽起来。只要你想及早造成亲密关系，就应制造出自然接近对方身体的机会。

有一场篮球比赛，一位教练要训斥一名犯了错的球员。他首先把球员叫到跟前，紧盯着他的眼睛，要这位年轻小伙子注意一些问题，训完之后，教练轻轻拍了拍球员的肩膀和屁股，把他送回到球场上。

教练这番举动，从心理学的观点来看，确实是深谙人心的高招：

第一，将选手叫到跟前。把对方摆在近距离前，两人之间的个人空间缩小，相对地增加对方的紧张感与压力。

第二，紧盯着对方的两眼。有研究表明，给孩子讲故事时紧盯着他的双眼，过后孩子能把故事牢牢记住。教练盯着球员的眼睛，要他注意，用意不外乎是使对方集中精神倾听训斥。否则球员眼神闪烁、心不在焉，很可能会把教练的训示全当成耳边风，毫不管用。

第三，轻拍球员身体，将其送回球场。实验显示，安排完全不相识的人碰面，见面时握了手和未曾握手，给人的感受大不相同。握手的人给对方留下随和、诚恳、实在、值得信赖等良好印象，而且约有半数表示希望再见到这个人。另一方面，对于只是见面而没有肢体接触的人，则给人冷漠、专横、不诚实的负面评价。

正确接触对方身体的某些部位，是传达自己感情最贴切的沟通方式。如果教练只是责骂犯错的球员，会给对方留下“教练冷酷无情”的不快情绪。但是一经肢体接触之后，情形便可能大大改观，球员也许变得很能体谅教练的心情："教练虽然严厉，但终究是出于对我的一番好意！"

此外，与陌生人交谈，应态度谦和，有诚意，力求在缩短距离上下工夫，力求在短时间里了解得多一些。这样，感情就会渐渐融洽起来。我国有许多一见如故的美谈，许多朋友，都是由"生"变"故"和由远变近的，愿大家都多结善缘，广交朋友。善交朋友的人，会觉得四海之内皆朋友，面对任何人，都没有陌生感。

妙用"地形"心理学，让对方喜欢你

在军事上，领地和地形有着十分重要的意义。与陌生人打交道时，不同的"地形"也影响着双方谈话的舒适度和好感程度，想要迅速赢得陌生人的信任和好感，就需要巧妙地运用"地形"心理学。

美国心理学家穆勒尔和他的助手一起做过一次有趣的试验，证明许多人在自己的会客厅里谈话，比在别人的客厅里更能说服对方。这就表明，人们在自己熟悉的地方与人交往容易无拘无束，可以灵活主动地展现或推销自己，有利于社交的成功。

因此，倘若在别人熟悉而自己不熟悉的地方交往，则容易引起莫名其妙的不安和恐惧，难以洒脱自如，自然处于劣势。读懂并把握好人的这种心理，可以采取一些有效的方式，使双方关系更融洽。这就是为什么在比较开放的今天，经人介绍的对象初次见面时，绝大多数人仍愿意在自己的"领地"内进行，而不愿在对方"地盘"内进行的原因所在。不过，值得说明的是，在自己的领地内固然容易充分发挥自己的交往潜能，但也时常伴有少了约束的弊端，使自己的缺点外露。而在别人的地盘内进行，虽然受到的约束较多，然而却可用心专一，利于深层次、多方位地观察和了解对方。

此外，在与人相处时，双方的位置很重要，它直接或间接地决定你的影响力如何。具体说来，地形心理学有以下一些要点。

第一，对初次见面的对方，采取立于旁边的位置，较能迅速建立亲近感

初次见面，和人面对面地谈话，是一件不好受的事。因为两人之间的视线极易相遇，导致两人之间的紧张感增加。而坐在旁边的位置，则不必一直注意对方的视线，因而容易轻松下来。另外，在室内放一盆花，使对方有转移视线的对象，效果会更好。

第二，相距50厘米能给对方留下好印象

要使对方对你产生好感，与谈话者就应保持理想的距离。谈话的距离较近，能制造一种融洽的气氛，消除紧张情绪。最合适的距离就是一方伸出手可以够到另一手，即50厘米左右。如果你想在社交中尽快打开局面，适应环境，那么，每次与人打招呼或谈话的时候，要注意尽可能地把距离拉近一些。当然，拉近距离并不是亲密无间，特别是在与上级或女性打交道时，不能冒昧莽撞，不然会引起对方反感，以为你没有规矩或用心不正，反而弄巧成拙。

第三，黑暗有助于人们交往

在光线暗的地方，人们比较容易亲近。心理学的实验也表明，黑暗是人们亲密起来的保护伞。人们聚在黑暗中，因减少了戒备而增加了亲近感，便于双方沟通。同时，在黑暗中，对方难以看清自己的表情，也容易产生一种安全感。这样，彼此间的对立情绪就会大大少于光线明亮的场所。当你想与他人建立一种亲密关系的时候，就应尽量请他们到酒吧、俱乐部、咖啡室等地方去。

第四，坐椅子时，浅坐的姿势会令人产生好感

交谈时，如果对方深深地坐在沙发或椅子上，甚至上半身靠在椅子上，那么说明他根本没有专心听讲，缺乏诚意。相反，如果浅坐在椅子前端的三分之一处，就会使人产生好感。因为这种姿势可使上半身自然地向前倾，因而成为最佳的听话姿势。此外，像这种随时可由椅子上起立的姿势，还会给对方积极活泼的印象。

善于“攀亲拉故”，让彼此不再陌生

亲者，近也；故者，旧也。亲与故，往往给人一种美好的回忆和情绪体验。心理学家认为，一个人对同一事物在不同地点很可能产生不同的情感，而环境影响往往是制约情感和情绪的重要因素。攀亲拉故，正是在不同环境里选择了相同的“亲”“故”之景，自然也就缩短了你对别人的心理距离，这也是与陌生人拉近关系的技巧之一。

有一位记者就很善于攀亲拉故。他见到陈景润的夫人由昆，寒暄的第一句话是：“听说你是我们湖北人，怎么普通话说得这么好啊？”由昆喜悦地回答：“是吗？我跟湖北人还是讲湖北话的！”于是，双方都沉浸在“老乡”相识的愉快之中，话语自然多起来，气氛也轻松得多，这正是采访者所需要的。倘若语言生硬，由昆女士保持缄默，采访者怎么可能了解科学家的家庭生活呢？

中国人向来有着十分浓厚的故乡情节，对于“同乡”“家乡话”会感到格外的亲切，这位记者虽然与陈景润夫妇没有亲缘关系，同样凭借老乡关系和家乡话的亲切氛围迅速拉近关系，才得以成功访问。

李明的妻子身患重病，急需大量医药费。李明四处筹措，还差一半。最后，在无奈的情况下，他到了城里，希望找几个老乡想想办法。

听说有一个老乡做生意发了财，李明满怀希望地前去借钱，却不料这位老乡异常吝啬，一分钱也不借就把李明赶了出来。

李明遇到这种屈辱，叫他如何咽得下这口气。不过，冷静之后，他想出了一计去见这位老乡。李明找来族谱，经过认真查找，他发现自己比这位老乡高了一辈，严格上来说，这位老乡应叫李明“表叔”，尽管李明年龄只有 31 岁，而那位老乡年龄却有 58 岁了。

最后，在族谱的面前，这位老乡再也不敢如此嚣张了，在自己的长辈面前，他只有遵循几千年来的“礼”，而李明这时说什么话都响多了，最后轻松借到了为妻子治病的钱。

李明正是利用了血缘关系和长辈地位，让原本吝啬的老乡转变了态度，成功筹到了治病的钱。

攀亲拉故，可使陌生变得熟悉，疏远变得亲近，冷淡变得亲热，拒绝变成悦纳，阻挠变成支持。善于攀亲拉故，就容易与人产生共鸣，容易找到共同语言，也更容易得到帮助，在与陌生人打交道时也要学会运用这种简单易行的方法。

精彩地说出自己的名字

在向陌生人作自我介绍时，首先就是自报姓名，但许多人因为羞怯或者其他原因在这方面做得不太好，在介绍时只是简单地报出自己的姓名：“我叫××。”自以为介绍已经完成，然而这样的介绍肯定算不上有技巧，也许只过了三五分钟，别人已经把你的姓名忘得一干二净，这样也就无法给别人留下深刻的印象。

中国人对于取名非常重视，有的名字赋予时代特色、有的名字寄寓双亲对子女的殷切厚望，有的名字包含了父母双方的姓或名。总之，每个人的名字总是包含着一定的含义，在自我介绍时，如果能够对自己的名字作一番阐释，能够令人对你印象深刻，懂得了人心的这种特点，就可以加以灵活地运用。具体可以参考一下几种方法：

1. 利用名人式

利用名人的名字来介绍自己的名字，关键是所选的名人是大家都知道的，否则就收不到效果。

2. 自嘲式

如刘美丽介绍自己时说："不知道父母为何给我取美丽这个名字。我没有标准的身高，也没有苗条的身材，更没有漂亮的脸蛋，这大概是父母希望我虽然外表不美丽，但不要放弃对一切美丽事物的追求吧。"

3. 自夸式

如李小华介绍自己时说："我叫李小华，木子李，大小的小，中华的华。都是几个没有任何偏旁的最简单的字，就如我本人，简简单单、快快乐乐。但简单不等于没有追求，相反，我是一个有理想并执着的人，在追求理想的路上我快乐地生活着。"

4. 联想式

如一个同学叫萧信飞，他便这样做自我介绍："我姓萧，叫萧信飞。萧何的萧，韩信的信，岳飞的飞。"绝大多数人对"萧何月下追韩信"的典故和民族英雄岳飞都很熟悉，这样一来，大家对他的名字当然印象深刻了。

5. 姓名来源式

如陈子健："我还未出生，名字就在我父亲的心目中了。因为他很喜欢这样一句古语'天行健，君子以自强不息'，于是毫不犹豫地给我取了这个名字，同时希望我像君子一样自强不息。"

6. 望文生义式

如夏琼："我叫夏琼，夏天的海南，风光无限。"与其他方法相比，望文生义法有更大的发挥余地，例如下面的几例：

杨帆——扬帆远航，一帆风顺。

皓波——银色的月光照在水波上。

秀惠——秀外慧中，并非虚有其表。

7. 理想式

如向红梅："我向往像红梅一样不畏严寒，坚强刚毅，在各种环境中都要努力上进，尤其是在艰苦的环境里，更要绽放出生命的美丽。"

8. 释词式

即从姓名本身进行解释。如朱红："朱是红色的意思，红也是红色的意思，合起来还是红色。红色总给人热情、上进、富有生命力的感觉，这就是我的颜色！"

9. 利用谐音式

如朱伟慧："我的名字读起来像'居委会'，正因为如此，大家尽可以把我当成居委会，有困难的时候来反映反映，本居委会力争为大家解决。"

10. 调换词序式

如周非："把'非洲'倒过来读就是我的名字——周非。"

11. 激励式

如展鹏在新生见面会上说："同学们，我们从五湖四海来到这里，为了什么？不就是为了好好学习，今后在社会这片广阔的天空中大鹏展翅，自由翱翔吗？"

12. 摘引式

如任丽群："大家都知道'鹤立（丽）鸡群'这个成语，我是人（任），更希望出类拔萃，所以，我叫任丽群。"

总之，自我介绍是有很大发挥空间的，应该想方设法把它丰富起来，给别人留下一个良好而深刻的印象，有助于迅速和陌生人成为朋友。

陌生的人会对自信的人产生好感

“有自信的人最美”是因为那种自信的容貌，会让人觉得充满希望，让人觉得活力十足、魅力万分。读懂了这一点，就需要努力培养自信心。培养自己的自信心，要从自己有兴趣的事情着手，多接触自己喜好的事物，这样自信自然而然就会产生了。

在人际关系上，不论在什么场合，初次见面时太过于热衷地争取某种事情时，只会让人以为你是一个惯于使用手段的人，还是一个自以为聪明的人。其结果大都是聪明反被聪明误。

人们对于使用手段的人往往心存一道防线，并且本能地降低对对方的人格评价，怀疑他为人的诚实性，认为他心怀叵测，别有企图。

这种急于成功的人，其实还是对自己没有信心。他们害怕得不到别人的友情、喜欢、支持，害怕得不到自己所期望的东西。他们不敢告诉自己：“对方是喜欢我的，支持我的。”甚至会不安地怀疑自己：“对方是否讨厌我?”于是他们的这种想法传染给对方，却无意中流露出了自己没有信心的一面，对此，有心人是一目了然的。

所以，初次见面时，不论是何种状况，要做到镇定并善于用眼神表达自己的友善、关怀和愿望，这是一种自信的表现。说话时善用眼神接触，能带来认真、可靠的印象。一般人们对于自信的人，都会另眼相看，并使人产生信赖的好感。如果你充满信心，对方会对你产生好感；如果你含含糊糊地进行自我介绍，流露出羞怯心理，会使对方感到你不能把握自己，以致对你有所保留。这样，彼此之间的沟通便有了阻隔。

有个求职者自我介绍道：“俗话说‘胆小不得将军做’，对此，我却不敢苟同，有例为证：汉代韩信为渡过险境，忍了街上小人的胯下之辱，可谓胆小，但是最终成了将军。本人素以胆小著称，却偏有鸿鹄之志，故斗胆前来应聘，我自信能够胜任这份工作。”言辞之间，充分展现了求职者的聪慧与自信，具有一定的吸引能力。

因此，任何时候都要相信自己，按照你的想法去开始吧！做事可以胆小，而做人只要你有堂堂正正的权力，你就可以放开勇气面对，这是一种心态，这种心态决定了你的命运。大多数人往往会在不到一分钟内就对所遇的人迅速地作一个判断。你的命运也许在 15 秒钟内就被决定了。

在交往应酬中如果你缺乏信心时，不妨也穿戴上最华贵的“服饰”，找出足以荣耀自我的优点，那么你将不会因感到低人一等而自卑了。所以，尽量找到自己的长处，即使是自认为不值一提的特长，利用自我扩大法，扩大成足以自豪的优点，借以缩短与对方的心理距离，这样就会增加自己的自信心。

亲和力能让你和别人一见如故

亲和力是一种难得的个人魅力，它能唤起人们的热爱之情，并使人们愿意与之交往。

林肯，这位美国历史上最伟大的总统之一，他因为具有的品行而成为后世的楷模，他是一位以亲切、宽容、悲天悯人著称的杰出领袖。而这一切成就，都与他的亲和力密不可分。

在林肯的故居里，挂着他的两张画像，一张有胡子，一张没有胡子。在画像旁边的墙上贴着一张纸，上面歪歪扭扭地写着：

亲爱的先生：

我是一个 11 岁的小女孩，非常希望您能当选美国总统，因此请您不要见怪我给您这样一位伟人写这封信。

如果您有一个和我一样大的女儿，就请您代我向她问好。要是您不能给我回信，就请她给我写吧。我有四个哥哥，他们中有两人已决定投您的票。如果您能把胡子留起来，我就能让另外两个哥哥也选您。您的脸太瘦了，如果留起胡子就会更好看。所有的女人都喜欢胡子，那时她们也会让她们的丈夫投您的票。这样，您一定会当选总统。

格雷西

1860 年 10 月 15 日

在收到小格雷西的信后，林肯立即回了一封信。

我亲爱的小妹妹：

收到你 15 日前的来信，非常高兴。我很难过，因为我没有女儿。我有三个儿子，一个 17 岁，一个 9 岁，一个 7 岁。我的家庭就是由他们和他们的妈妈组成的。关于胡子，我从来没有留过，如果我从现在起留胡子，你认为人们会不会觉得有点可笑？

忠实地祝愿你的亚伯拉罕·林肯

次年 2 月，当选的林肯在前往白宫就职途中，特地在小女孩的小城韦斯特菲尔德车站停了下来。他对欢迎的人群说："这里有我的一个小朋友，我的胡子就是为她留的。如果她在这儿，我要和她谈谈。她叫格雷西。"这时，小格雷西跑到林肯面前，林肯把她抱了起来，亲吻她的面颊。小格雷西高兴地抚摸他又浓又密的胡子。林肯笑着对她说："你看，我让它为你长出来了。"

这就是林肯的亲和力。亲和力让人萌发亲近的愿望，亲和力使得即使是陌生人也会"一见如故"。人们总是喜爱与谦和、温良的人交往，而不会心甘情愿地将自己置于一个威严的人之下。

如何具有令人着迷的亲和力？这是芸芸众生所共求的一个目标。对此，千言万语，只有一个关键，那就是对别人要有发自内心的兴趣。

社会上有许许多多的人，明显缺乏的便是这种对人的兴趣。

其原因大多是他们在应酬人际关系的人生舞台上既不具备天生的人格魅力，又不去努力。

我们应当建立起对别人真诚的兴趣，明白我们应该怎么做，不能做什么，友好地与人相处，就能发挥我们健全人格的威力，成为具有魅力的赢家。

对于希望与你合作的人，对于你人脉圈子中的所有人，你务必获得他们的敬爱。而获得他们的敬爱，全凭你人格的魅力。要知道，一个浑身上下透出亲和力的人，与一个整天板着脸的严肃的人相比，绝大多数的人都会选择前者作为自己的交往对象。

测试：你是融入新圈子的高手吗

不同的圈子决定着不同的生活态度，你对未知圈子的生活感到好奇吗？你想探索另一个世界吗？现在就来测测你的人际关系融合度吧！看看自己是否容易融入别人的圈子。

开始测试

1. 你独自在寝室里，接到一个找你室友的电话，对方以为你就是他要找的人，没等你开口他就在那边滔滔不绝，你会？

A. 礼貌地告诉他你并不是他要找的同学，并且请他留言，稍后你会替他转告

B. 告诉他你并不是他要找的人，然后挂掉电话

2. 下晚自习回到寝室时，你恰巧听到同寝室的两个人在抱怨你，你会怎么办？

A. 不理他们，洗漱完就休息

B. 故意问他们："你们在说什么呢？"

3. 你突然听说自己心仪的人有了男（女）朋友，你会有什么样的反应呢？

A. 很想知道那个人是谁

B. 觉得很沮丧，有一种莫名的失落感

4. 你的好友要过生日了，并且邀请你参加他的生日聚会，

那么你会如何打扮呢？

A. 考虑了一下，还是决定和平时一样

B. 破费点积蓄，买一件新衣服

5. 好友过生日时，你通常会怎样把礼物送给他呢？

A. 在大家一起为他过生日的时候，出其不意地拿出礼物送给他

B. 把礼物包装得很漂亮，悄悄递给他

6. 生日聚会上唱卡拉OK，大家争先恐后地一展歌喉，你会如何呢？

A. 心里想反正自己也不唱，于是就和没唱的朋友一起聊天

B. 一边为别人的歌声喝彩，一边忙着挑选自己想唱的曲目

7. 深夜，聚会结束后，你独自回家，忽然看到路边有一只小狗，这时候你心里会想？

A. 只顾赶路，可能没什么感觉吧

B. 好可怜的小狗，是不是迷路了

8. 你买彩票中奖了，首先会怎么做？

A. 当然先把奖金存进银行

B. 马上请朋友出去痛快地玩一次

9. 你不想借钱给朋友，于是？

A. 直接拒绝

B. 借口说自己正需要钱

10. 病愈出院的同学回到教室，你会？

A. 向他打招呼，并且询问他的身体状况

B. 主动走上前去，帮他拿东西

评分标准

题号	1	2	3	4	5	6	7	8	9	10
A	0	0	1	1	0	0	0	1	1	0
B	1	1	0	0	1	1	1	0	0	1

测试结果

0～2 分：你可以很快地融入别人的圈子。因为你性格活泼，想哭就哭，想笑就笑，常常给大家带来欢乐，所以能吸引身边人的目光。如果你想融入某个圈子的话，实在是太容易的事情了！虽然你并不喜欢刻意地表现自己，却会让人不自觉地记住你！

3～5 分：只要你愿意，你就能融入别人的圈子。你是个全凭心情办事的人，融入别人的圈子对你来说并不是很难，只要你愿意！你的个性鲜明，所以常会成为别人聊天的话题，或许你还不知道，但等你知道的时候，你已经成为他们中的一员了，你是一个很受大家欢迎的人！

6～8 分：知己知彼，才能顺利融入别人的圈子。你的性格比较保守，不爱出风头，不容易被别人注意到，却能与每个人和睦相处，算是个高明的社交家！如果你想要接近别人，那么最好的方法就是先了解对方，然后由朋友介绍，这可是万无一失的好方法！

9～10 分：你是个很孤立的人，对别人的事你没兴趣。你是个孤立的人，不喜欢被凸显出来，不擅长与人交往，对别人的事你没兴趣，而且你也不喜欢说关于自己的事，所以要不要融入别人的圈子对你来说不是一件重要的事，重要的是你自己能够自得其乐，过得开心。